# 大学生就业创业指导与能力培养研究

徐　琳◎著

中国原子能出版社
China Atomic Energy Press

图书在版编目（CIP）数据

大学生就业创业指导与能力培养研究 / 徐琳著 . --
北京 : 中国原子能出版社 , 2022.12
ISBN 978-7-5221-2558-9

Ⅰ . ①大… Ⅱ . ①徐… Ⅲ . ①大学生—职业选择
Ⅳ . ① G647.38

中国版本图书馆 CIP 数据核字 (2022) 第 241802 号

大学生就业创业指导与能力培养研究

出版发行　中国原子能出版社（北京市海淀区阜成路 43 号 100048）
责任编辑　马世玉
责任印制　赵　明
印　　刷　北京天恒嘉业印刷有限公司
经　　销　全国新华书店
开　　本　787mm × 1092mm　1/16
印　　张　10.25
字　　数　206 千字
版　　次　2022 年 12 月第 1 版　　2022 年 12 月第 1 次印刷
书　　号　ISBN 978-7-5221-2558-9　　　　定　　价　76.00 元

# 前　言

当前，我国大学生就业形势严峻，大学生创业意识淡薄，高校也缺乏对大学生创业能力的培养，因此创业能力培养视角下的大学生就业指导模式的构建，是目前大学生就业研究方向的重点。构建针对创业能力的就业指导模式，改善就业指导课程教学理念，构筑科学完善的师资队伍以提高就业指导课程的质量，并且营造校园的创新气氛，引入创业性的实践活动，可以提高学生的创业经验、关注创业形势、帮助学生分析未来创业格局的能力。本书中的就业指导模式的构建是基于培养大学生的创业能力的视角进行的，在就业指导课程中进行教学理念的转变，采取构筑良好的师资队伍及营造良好的创业氛围等举措，以提高学生的创业积极性，改善学生对创业的态度，从而实现创业能力培养，实现创业带动就业。希望本书的研究能对大学生的就业指导模式的构建提供参考。

在国家与学校的帮助下，学生自身需要重视起来，多参加实践，走到社会环境中亲自感受自身的不足，进而不断通过实践提高就业竞争力，学习其他地区和学校创业学生的能力，少走弯路。例如，多关注了解有关就业创业的趋势与政策，参加与就业创业相关的活动、讲座和比赛以拓宽视野。在保证不耽误学习专业知识的前提下，多进行勤工俭学，既能丰富社会经验，也可以培养心性与独立自主的人格。坚持学习，与有创业经验的同学探讨，不仅是为自己创业考虑，而且可以感受创业的不易，从而明确自己适合创业还是更适合求职。

为了提升本书的学术性与严谨性，在撰写过程中，笔者参阅了大量的文献资料，引用了诸多专家学者的研究成果，因篇幅有限，不能一一列举，在此一并表示最诚挚的感谢。由于时间仓促，加之笔者水平有限，在撰写过程中难免出现不足的地方，希望各位读者不吝赐教，提出宝贵的意见，以便笔者在今后的学习中加以改进。

# 目　录

# 第一章　就业环境与就业观念

## 第一节　大学生就业内涵

自 2001 年以来，就业已经是高校和社会研究的热点问题之一。近年来，随着高校扩招政策的实施，就业问题更加突出。学者从中国梦、创新创业、就业心态等多角度对大学生的就业问题进行了广泛和深入的研究。当前大学生不能及时就业的问题除了与客观因素有关外，与高校大学生的就业观也有着重要关系，而主观上很多大学生还没有形成正确的就业观。当然，导致这种尴尬局面的原因有很多，比如国家经济结构的调整、紧缩性的宏观经济政策等，但是其中一个非常重要的原因就是大学生所具有的能力和企业所要求的能力存在差距。因此，大学生就业能力的构成及其特征成为研究者关注的焦点。因此，培养高校大学生树立正确的就业观，对于缓解当前就业形势、促进我国高等教育事业的发展具有重要意义。

### 一、大学生就业的内涵及价值

就业观是指人们对于各种不同职业的意向、评价以及对就业所持有的态度，是人们的择业倾向和就业行为在思想中的反映。大学生就业观是大学生在学习专业知识和参与社会实践活动过程中形成的就业理想、就业目的、就业方向和就业意义等趋于稳定的观念和态度，既展现了大学生的职业抱负，也表现出其价值观念。受大学生所处的社会环境、家庭环境、学校环境和自身素质的影响，大学生的就业观呈现出多样性的特点。从内容层面来看，大学生的就业观是在就业过程中的信念、需要和利益；从特征层面来看，大学生的就业观具有时代性、多样性、实践性、发展性等特点。

国外对就业能力的研究起源于为政府的公共政策服务，面对经济调整过程中的高失业率，政府通过对失业人员的就业能力的培养来提高整个社会的就业率。而国内对大学生就业能力的研究起源于近年以来大学生就业所面临的困境局面。国内对就业能力的研究基本集中在大学生就业能力问题上。这种差异是由不同的政治经济文化背景所决定的。

## 二、当代大学生就业存在的问题

当代大学生以“00后”为主，他们就业观的主要特点是不太注意工作性质，更偏重自身兴趣。他们更多注重自我价值的实现，具体表现在以下几方面：首先，自我认识不清晰，缺乏职业规划，就业目标模糊，就业期望值过高。大学生对自我了解的程度，决定了他们能否顺利就业。由于缺乏职业规划导致部分大学生主动就业意识不强，就业欲望不强烈，没有生活压力，学习动力不足。其次，大学生就业社会服务意识淡薄，缺乏社会责任感。大学生这种职业标准的形成主要原因有市场经济的负面影响、各种文化思潮和价值观的冲击。大学生首选的就业意向是考公务员、教学科研事业单位、大型国有企业，他们到基层、西部偏远地区、当兵入伍的意愿不强烈，热情不高。他们认为到基层工作没有面子，社会保障和基础条件差。最后，对创新创业教育缺乏正确认知，大学毕业生过分追求安稳，创业毅力不够坚定，创业知识与能力匮乏，缺乏创新开拓精神。

# 第二节　大学生就业形势

高等教育的培养目标是为国家提供各项建设需要的高级专门人才。大学生是国家宝贵的人才资源，是建设国家、实现中华民族伟大复兴的主力军。随着我国高校招生规模的逐渐扩大，2014年全国各类高等教育毕业生规模为727万人，毕业生总量压力进一步增大；同时，用人需求结构性矛盾越来越突出，因此，毕业生就业观念需要进一步转变。

## 一、大学生就业观念

### （一）就业观念的定义

什么是就业观念？简单地说，就是求职者对社会环境和企业文化的认识。大学生对未来职业的认知、评价和价值体验一旦为实践所证实、被他人或社会所认可，就会在他的头脑中强化，成为一种较为固定的看法和态度，就形成了一种新的就业观念。

就业观念对大学生择业具有导向和动力作用。它支配着择业主体对择业目标的期望、定位和选择，支配着择业主体的择业行为。因此，正确的就业观念能够指导大学生对职业进行正确的评价，进行准确的定位，进行合理的选择。反之，错误的就业观念将使大学生对择业产生过高或过低的期望，影响准确定位和进行合理的选择。

一般来说，就业观念形成之后，就会在一个较长的时间内发挥其导向和动力作用，左右着大学生的择业思想和择业行为。就业观念具有相对稳定性，但也是社会现象的反映，必然随着社会的变化而发生变化，折射出时代的变迁。在市场经济条件下，社会的人才观正在发生深刻的变化，相应的，当代大学生的就业观念为了适应社会需要，也正在逐渐发生深刻的变化。由于每个人的受教育程度、兴趣爱好、性格特点、生活背景各异，因此每个人的就业观念也不尽相同，具有独特性。

### （二）大学生就业观念现状分析

最新的一项针对大学生就业的调查显示，当代大学生就业观随着形势的发展正在悄然发生变化，具体表现为以下四个方面。

1. 重知识与创业，“官本位”逐渐淡化

在“选择就业单位的性质”问题的回答中，选择“自主创业”的同学已占 21%，已超过选择“政府机关”占 21% 的比例；与此同时，绝大多数同学仍然看重事业单位，尤其是教学、科研等知识分子高度聚集型单位，而以往“政府机关”这一热门单位并未显示出优势。非国有企业已成为大学生的重要选择，比例高达 31.9%，说明当代大学生对自主创业观念已基本接受，凸显对知识密集型单位的青睐，正逐步树立自主创业意识，不断适应社会的发展需求。

2. 重经济待遇，更重发展前途

在“选择职业时考虑的因素”选题中，共设计了“行业发展前景”“培训提高机会”“施展个人才干”“专业对口”“出国机会”“晋升机会”“薪金报酬”“福利待遇”“工作时间有弹性”“个人兴趣爱好”“受社会重视”11 个选项，对每一个选项我们又要求调查对象进行重视程度的选择。在众多的选项中，对“行业发展前景”的回答中，选择了“比较重视”“非常重视”的同学占 76.9%；对“薪金报酬”的回答中，选择了“比较重视”“非常重视”的比例不到 56.6%。这很明显地表现出，绝大多数同学选择职业时，“行业发展前景”“施展个人才干”“薪金报酬”三个因素起着关键作用。可以看出随着时代和社会的进步，新一代大学生的个体意识逐渐加强，更加注重自我价值的实现和关注生存条件。在就业观念上既重视经济待遇，把它作为生活的基础；同时更重视发展前途，有较强的事业心。

3. 择业目标趋向多元化

大学生的择业与就业观，制约着他们对职业的选择和对地域的选择。由于大学生就业观念和择业价值取向的多样性，导致了大学生选择职业的多元化倾向。多元化主要表现在两个方面：首先，是对未来从事职业领域的选择。在“您最希望从事的职业”问题答案中，选择“公务员”“教师”“经营管理人员”三个选项的比例相差不大，均在 40% 以上，选择其他选项的同学也较多，这说明原来职业选择集中在单一行业的现象正在淡化。其次，是对工作地域的选择。“孔雀东南飞”的现象在大学生就业流向上维持了很长一段时间，但在“您选择就业单位的地理位置”问题的回答中，虽然选择“大都市地区经济发达城市或不限”的比例达 37.2%，显得偏高些，但选择“其他中等城市”的比例也接近 30%，这说明大学生在就业单位地理位置的选择上已不仅仅是大都市经济发达地区，中等城市也逐渐成为大学生选择的重点，与当前社会上人才汇流趋势相吻合。

4. 自我评价趋于理性化

大学生择业前认识到自我评价的重要性，在择业前“正确评价自己的重要性”问题中选择“非常重要”“比较重要”的比例为 94.9%。在评价方式的选择上，大多数大学生在选择“自我评价”的同时，选择“社会实践”的比例达 21.4%，这充分反映了大学生较强的自我意识，相信自己的判断能力，同时也强调社会实践的检验作用，说明了当代大学生的自我评价已从“以自我为中心”逐步转向理性化。

调查结果还显示，目前大学生心目中最好的行业是 IT 业；其次是金融保险业、日用品行业等；同时，有一半的大学生将首选企业锁定在微软、宝洁、海尔、IBM（国际商业机器公司）、华为、联想和摩托罗拉等 20 家著名企业上，说明大学生在选择企业时的标准相当一致，就业目标相对集中。而这些企业之所以成为大学生争相加盟的目标，其吸引力主要来源于发展潜力、国际化趋势、知名度、薪酬与福利、激励机制和培训机会。

不过大学生对岗位的期望值依然偏高。调查显示，大部分学生期望第一份工作具有技术性强、充分发挥智力和权利的特点。在回答“刚进入企业，您最想成为哪种人员”的问题时，26% 的大学生希望成为技术人员，24% 的大学生希望成为管理人员，19% 的大学生希望成为策划人员。而这与眼下大学生就业的现实情况显然是不相符的。

大学生对于企业所需的个性品质有较为准确的认识。大学生认为企业看中的个性品质包括：勇于创新（18%）、踏实（17%）、合作（16%）、乐于参与竞争（10%）、好交际（9%）等，这与信息时代倡导的个性特征相吻合。同时，大学生对于“自我定位”的需求越来越突出，在自身弱点的判断上，大学生的自我评价是：没有工作经验（22%）、知识和能力储备不足（15%）、英语不够好（13%）、自我定位不够准确（13%）等。

尽管发生上述可喜的变化趋势，也要看到大学生就业观念还没有发生总体上的根本变化。有的学生以“天之骄子”的心理壁垒择业，一面抱怨“就业难”，一面却又“有业不就”。从这里可以看出，大学生群体必须有清晰的定位：认识到自己是国家宝贵的人才资源，有广大的发展潜力和光明的前途，只有积极就业，在社会实践中锤炼，敢于竞争，不断增长才干，才可能成为国家、社会的栋梁之材。

### （三）树立正确的择业观念

对于大学毕业生而言，就业是迈入社会的第一道门槛。由于毕业生数量连年增加，大学生就业问题成为近年来社会、国家乃至全世界关注的热点问题。为了切实解决自身的就业问题，其他国家的大学生都积极地响应国家、政府制定的政策，适时对自己的择业观念做出了调整。我国的大学生也应审时度势，借鉴外国大学生的做法，及时调整自己的就业观，响应国家、政府的号召，树立正确的择业观念。

1. 摒弃旧观念，接受新观念

我国大学生就业难，并不意味着大学生过剩。据统计，我国大学毕业生占从业人员的比例仅是发达国家的1/8。从总体上看，随着我国经济的快速发展，对高素质人才的需求在日益增加。但是，一些大学生找工作时一门心思盯着大城市、大单位，甚至数千人竞争一个岗位，边远地区、基层单位虽急需人才，应聘者却寥寥无几。因此，大学生就业难，固然有高校迅猛扩招与就业岗位增长缓慢之间矛盾的原因，更重要的是一些大学生就业观念存在问题。树立正确的就业观，培养良好的心态，是解决大学生就业难题的一剂良药。

2. 树立普通劳动者的观念

转变“精英”意识，树立普通劳动者的观念。目前我国的高等教育已经由精英教育向大众化教育转变，但不少大学生依然抱有“天之骄子”的优越感，认为读大学就理所应当有个好工作，留在大城市、大单位才能体现自己的人生价值，一些家长更是希望孩子毕业后能抱上“金饭碗”，因此找工作时一味追求物质待遇，重地位、重名利，缺少吃苦精神、奉献精神。实际上，不同的工作岗位只是社会分工的不同，并无高低贵贱之别，大学生也是社会阶层的普通成员，要以普通劳动者的心态和定位选择工作。

3. 脚踏实地地从自身出发降低期望值

降低期望值，拓宽就业领域。每一个毕业生都希望找到一份称心如意的工作，这是无可厚非的。但是，每个人能得到什么样的工作受到自身条件和客观因素的制约。有的大学生好高骛远，对自身期望值过高，盲目追求超出自身能力的热门岗位、高薪待遇，最终落得高不成、低不就的尴尬境地。大学生择业时，首先要实事求是地认识自己，不仅要考虑“我想从事什么”，更要考虑“我适合做什么”和“我能做什么”，确定符合实际的期望值。放宽视野，把目光从竞争激烈的热门岗位移开，更多地从自身实际、发展空间考虑，会发现务实往往“海阔天空”。

4. 认清个人能力，学会从工作中学习

有文凭不代表就一定有水平，有学历不能说一定有能力。大学毕业只能说明具备了一定的学习能力和专业理论知识，并不能说明一定就是人才，一定能够被社会所接受。社会是大课堂，对于大学毕业生来说，要能够适应社会，把课本上所学的东西运用到实践中，还有许多事情要做，还有一个再学习的过程。即使是毕业时找到了一份比较理想的工作，如果工作中好高骛远、自以为是，不注重知识的更新，吃老本，用不了多长时间，同样会被淘汰；即使所从事的不是本专业的工作，只要埋下头来，坚持向书本学、向实践学、向身边的同志学，同样可以干出一番事业，得到社会的认可。因此，对于大学毕业生来说，从事什么工作并不重要，重要的是要树立终身学习的理念，充分利用8小时以外的时间，坚持边工作、边学习、边提高。这才是成功择业乃至立业、发展事业的关键。

5. 勇敢地迈出人生事业的第一步

计划经济体制下“一次就业定终身”，造成毕业生择业时顾虑重重，生怕入错行误终生。如今竞争上岗、人才流动和再就业已成为普遍现象。职业是可以变化的，就业是一个动态过程，大学生要以平常心对待第一次就业，树立“先就业，后择业，先生存，后发展”的心态。即使初次就业不理想，以后也可以重新择业。

我国目前的国情是人才供需整体失衡，社会就业竞争加剧。在整体就业环境不容乐观的情况下，先就业后择业应该是智者的选择。大学生在求职时，都想找到称心如意的职业，选择一个满意的单位，但要想一步到位实现自己的职业理想，成功的概率比较小。尤其对于应届毕业生来说，他们对社会了解甚少，受专业限制以及缺少社会工作经验等因素的影响，很难一次性找到真正适合自己的工作。比较实际的办法还是先找份工作，然后再寻找新的机会，分步到位。否则，就容易失去许多起步的机会。毕竟是先要有工作岗位才能锻炼能力，能力强了才能更好地发展事业。一个人参加工作，只是职业生涯的开始，并不表示他的一生只能在这个岗位上工作。随着人才市场的日趋完善，人才流动渠道逐步畅通无阻，就业以后再择业将具有更多的优势。所以，先就业后择业，是比较明智而又务实的选择。

（1）响应国家、政府制定的政策，树立正确的择业观念，如“下基层”“面向西部”“自主创业”。广大农村、边远地区、基层是吸纳毕业生就业的最大空间，可供大学生施展才华的空间也很广阔。一些大学生不愿下基层，一是怕吃苦，二是认为没有“前途”。近年来，国家为鼓励大学生到基层就业制定了一系列优惠政策，大学生在基层能得到多方面的锻炼，积累实践经验，更有发展的潜力，对个人成长是极为有益的。北京开始招聘的“大学生村干部”，就在基层取得了很大成绩。

近几年自主创业成为就业新方向。国家对大学生自主创业提供了税收、贷款等多方面的优惠政策，鼓励自主创业。知识经济时代，大学生拥有较高的知识和技术水平，富有开拓精神，蕴含着巨大的创业潜能。自主创业，不仅能缓解巨大的就业压力，更是大学生发挥主观能动性、聪明才智的广阔舞台，是符合时代要求的就业趋势。

（2）中小企业是普通高校毕业生理想的择业选择。中小企业是吸纳新增就业人员的主力军。从所有制上讲，个体工商户、微型和中小私营企业成了既吸收城市新增劳动力就业，又转移农村剩余劳动力，还要吸纳国有和集体下岗职工再就业的又一领域。相对中小企业吸纳的其他就业人员，普通高校毕业生作为城市新增劳动力的一支队伍，更具有就业优势。

我国是发展中国家，由此来看，我国的中小企业数量增长的空间还很大，由此而产生的新的就业岗位势必更多。作为高等院校的毕业生应抓住这一契机，加速转变观念，积极投入到中小企业中建功立业。

（3）明确先就业还是先择业。就业与择业，孰先孰后，关键是根据自身的实际情况和所处的环境条件，因势利导，为我所用。比如，有的大学生学的是“热门”专业，他愿意也有可能在适合自己专业的诸多单位进行选择，先择业，后就业，这当然很好。有的大学生一时找不到适合自己专业的工作，且苦于生计等原因，先找份工作，积累经验，然后再图发展，这种“先就业，后择业”也不能说不好。有的大学生面对严峻的就业形势，降低门槛，到民营企业工作，既人尽其才，学用结合，又能为企业贡献智力，“既就业，又择业”，可谓两全其美。有的大学生为了学到更多更新的知识，或继续深造，或到国外留学，为将来谋得高层次、高薪酬的岗位打下坚实的基础，他们现在的“不择业，不就业”是为了将来有更多更好的择业就业机会，这种选择，你能说不明智吗？总之，择业、就业可以说是大学生一个无法回避的“课题”。但孰先孰后，还是要立足现实，准确定位，量体裁衣，适合自己的才是“最好”的。

作为普通高等院校的毕业生，找准切入点，抓住市场，力求在众多竞争者中独树一帜，直击企业需求的要害。在择业的过程中要遵循的原则只有一条：有条件择业的，抢抓机遇，乘势而上，寻找切合实际的择业之路；无择业优势的，要清醒地认识到就业正逐步从“卖方市场”向“买方市场”转变，迅速调整好心态，抢占就业先机，先生存，再发展。

先就业后择业的几点好处：在大学期间学了一些专业知识，这只是一些基础的理性学问，不要以为自己是掌握专业技术的人才，因为在实践中可能还不如一名普通工人的水平，所以对自己的期望值不能过高。先干起来好处多。一是可以先熟悉社会，早些投入到社会实践中去；二是有了工作再择业比待在家里安心，不会产生精神上的负担；三是有可能会喜欢上现在所从事的工作，改变原来所学的专业，这也是常有的事；四是倘若本人意志薄弱，加上家教不严，时间一长，变懒学坏，后果不堪设想。

在先就业后择业的过程中还应该强调的是：不是先随便找个工作，然后“逮”个机会就跳槽，而是要把心放平、把眼界放低，从基层做起。在这个过程中，选择适合自己发展的、能在职业发展道路上为自己奠定基础的工作，在实践中进行磨炼，不断提升自己的能力，积累竞争的“资本”，根据自身的发展水平，抓住各种各样的机遇，通过一个又一个的岗位不断成长。

（4）树立正确的择业观念，自立自强，不再等、靠、要。在国外，年轻人满18周岁就要在经济上独立。我们国家的一些大学生，父母供其完成学业，毕业后，一时找不到称心的工作，就“漂”在校园或待在家里，经济上完全依赖父母，与国外的同龄人比较起来，不感到很惭愧吗？在就业形势日趋严峻的今天，先降低要求，找份工作干起来，一方面减轻了父母的经济负担，另一方面增加了社会阅历，增强了实际工作能力。工作中，学生对自己的个性、能力、优缺点以及胜任什么工作，会逐渐有比较理智与成熟的看法。工作经历让人发现了自己的多个侧面，即使几年后从事其他职业，现在的工作经历也不是没有用处。

人类社会发展证明，先生存才能发展。大学生作为社会的一员，首先考虑的应该是生存。其次先考虑就业，然后再在条件成熟时选择自己喜欢的职业。例如，北京大学毕业生陆步轩选择了在街头卖肉的职业；四川有位叫罗福欢的大学生选择了擦皮鞋的工作。从这两位大学生的就业观中就可以看出，解决生存问题是人类最基本的也是最大的需求。积累经验、积累资金，寻找合适的职业，是大学生最好的出路。

大学生就业，认定目标才能少走弯路，有所不为方可有所作为。虽然当前就业竞争激烈、形势严峻，但也应该看到，从中央到地方各级政府一直高度重视人才工作，我国经济的持续增长又创造了大量的就业机会，所有这些都为大学生就业、择业提供了宽广的舞台。

这个时候，正视就业竞争是必要的，切合实际先择业也是必要的。因此，大学生在毕业以后，应该找准自己的定位，发挥优势，树立勇于竞争的信心，积极争取适合的岗位。

海阔凭鱼跃，天高任鸟飞。社会为大学毕业生提供了施展才能的广阔空间。转变观念，开阔视野，以理性、务实的心态迎接就业挑战，会发现工作并没那么难找，生活中的机会其实无处不在。

## 二、大学生就业形势

就业形势是关于就业的环境状况和发展趋势。社会在不断发展变化，就业形势也随之发生了巨大的变化。大学生就业虽然是个体社会变化的过程，但一个人的发展绝不会游离于大环境之外，而是与国家、社会的大环境息息相关。对于即将毕业的大学生来说，就业是人生道路上的一次重要选择。如果对就业形势一无所知或知之甚少，对当前的就业形势缺乏全面、理性的分析，仍然坚持传统的就业观，很可能会错失就业良机。“知己知彼，百战不殆。”大学生面临就业时，应该对当前的就业形势及其未来发展方向有一个全面、客观、清醒的认识，主动适应就业形势，转变就业观念，准确为自己定位，在择业时做出理智的选择。

### （一）大学生就业情况分析

就业问题是世界性问题，它直接关系着经济的发展和社会的稳定。当前，我国面临的就业压力与挑战比世界上任何国家都要严峻。

1. 普遍性就业问题

随着中国高等教育在探索中的不断发展，高校扩招导致高等教育进入大众化时代。社会和经济的发展需要更多的人才接受高等教育，但一些问题也随之而来，扩招的直接结果之一就是毕业生的快速增长。教师资源不足，导致扩招后的毕业生素质参差不齐，这就间接导致企业对新聘人员的毕业学历要求越来越高，直接导致了人力资源的巨大浪费。某些领域及职位对于学历的要求其实并不需要那么高，但是由于大量毕业生的出现，供大于求，精英化走向了大众化，所以在浪费人力资源的同时，造成了大量毕业生难就业的问题。企业需要的综合素质人才供小于需，而高校每年输出的素质不均衡人员供大于需，这样的供需不平衡导致了企业找不到人才，导致了大学生难就业这样既矛盾又尴尬的局面。

2. 结构性就业问题

大学生“就业难”并不是绝对的，而是相对的，这里面的主要矛盾是结构性的矛盾。由于经济结构和劳动力结构不匹配而形成的就业岗位与劳动力素质水平不匹配也会引发就业问题。中国处于就业人口高峰期，出现了某些领域毕业生数量急剧增长，但是相应的就业岗位增长缓慢，经济高增长与就业增长脱节的困难局面。具体来说，结构性矛盾主要表现为如下几个方面：一是不同学校和专业的需求差异明显；二是用人单位对毕业生学历的要求越来越高；三是社会发展的区域存在不平衡。

3. 个人选择性就业问题

个人出于对自身及未来职业发展的选择而未能就业引发的就业问题。它与结构性就业问题的区别在于：结构性就业问题的供需不平衡表现在宏观区域及岗位上，个人选择性就业问题则表现在微观个人的职业选择上，宁肯待业也不愿去填补缺额。调查显示，大学毕业生找到工作并不难，难的是找到一份称心如意的工作。首先，大学生的职业价值取向和就业观念不符合实际而导致的失业问题。大学生目前的择业观念多是选择公务员、事业单位工作人员及科研机构人员等传统概念上的“铁饭碗”的职业，而在地区上则是选择京津沪、广州等东南部大都市发达城市。其次，大学毕业生自身综合素质不高，无法适应社会的实际需求，难以符合用人单位的要求。目前高校所学课程与用人单位的职位需求存在着差异，而大量毕业生只满足于考试的追求，往往忽略了自身能力的培养，缺乏知识积累和解决实际问题的能力，在应聘场合紧张、胆怯，表达能力差，错过了许多就业机会。最后，对自身的错误定位直接导致了大学生择业缺乏目的性，成功率不高。个人选择性就业问题成为目前大学生就业问题中最明显、最突出的一个问题。

4. 期望过高

一些大学生动则对用人单位开出超出本人实际能力的薪资要求，也会造成就业困难。道理很简单：工作经验是在工作中磨炼出来的，刚毕业的大学生从各方面来看都不可能创造出太大的价值，因此在期望方面也应该回归理性。关于这点，诺贝尔经济学奖得主赫克曼认为，学校教育最多只能占一个人一生的三分之一，另外的三分之二来自早期的家庭教育和工作中的教育。因此，优秀的完美的人才不是从校门出来就立刻诞生的。如果不能认识到这一点，非常容易造成期望值过高而落空，以致最后对就业充满牢骚。

5. 其他问题

近年来，毕业生自主择业成为主流，然而某些地区政府及企业对于户籍、档案等的管理与限制仍然存在，这也是导致大学生未就业先失业的一个因素。许多大学生都遭受过“非本市户口免谈”的痛苦经历，由于没有用人单位所在地户口或者非本地区高校毕业生，使得一些大学生与许多好的工作机会失之交臂。

大学生就业难的现状是由多方面因素共同作用造成的，要解决这一目前普遍且严重的社会问题，必须从多方面入手，调动国家、企业、高校及毕业生的力量，做出多方面的努力。

### （二）高校毕业生就业难的解决方案

1. 在大学期间提高自身的就业能力是解决大学生就业难的有效途径

提高社会适应能力，提高自身素质，掌握就业主动权。面对严峻的就业形势，毕业生个人的素质、能力、专长和团队精神将是主导毕业生择业的重要因素。优胜劣汰是市场竞争体制下的规律，大学生只有不断提高自身素质，掌握过硬的本领，才能在就业竞争中占据主动地位，谋取自己理想的职位。虽说大学是个“小社会”，学校和社会的运行规则却有很大的不同。许多大学生对社会的看法趋于简单化、片面化和理想化，缺乏工作经历与生活经验，因而需要大学生在就业前注重社会及生存能力的培养，以及心理素质的培养，要沉着、冷静地应对所遇到的所有挑战，用积极乐观的心态克服一切困难，在毕业后更快更好地融入社会。增加社会实践，从实质上提高大学生心理承受能力、人际交往能力和应变能力等。通过实践，他们可以真正地面对自身的优点和不足，真实地感受到就业环境及形势的转变，有利于他们重新定位与调整，找到适合自己的职业，缩短真正走入社会后的适应期。

2. 转变不正确、好高骛远的就业观念，树立正确的价值观和就业观，认真做好自身的职业生涯规划，提高就业能力

要依据职业生涯目标规划自己的知识积累和社会实践，循序渐进，为实现理想做积极的准备。同时，要阶段性地进行自我分析和未来职业分析。科学地分析自己的兴趣、气质、性格和能力，从而正确地认识自身的优势与特长、劣势与不足，寻找适合自己的职业。在进行职业生涯规划时，要充分考虑自身职业发展的区域，从属行业的特性，职业所在行业的现状和发展前景，同时也要充分地了解职业对于求职者的自身素质和能力的要求。大学生只有将合理的知识结构和适应社会需要的各种能力统一起来，才能立于不败之地。

3. 自主创业，依靠自身实力解决就业问题

大学生在一定的条件下，找准商机，发挥自身的聪明才智及一技之长，走自主创业，自谋职业的道路，在解决自身就业问题的同时，也为社会提供了新的就业渠道，缓解就业压力。大学生应该逐步树立起“先就业、后择业、再创业”的职业选择策略，从现实出发选择适合自己的职业生涯规划道路。

4. 高校的改革势在必行

其一，目前，高校学科知识结构陈旧，不符合当前市场的需求，所以应当合理地调整学科结构和专业设置，根据社会及市场的改变，调整办学方式方法，增加毕业生就业的筹码。合理调整各专业的招生数量，顺应市场变化及经济发展的需求，避免“热门变冷门”的尴尬局面。其二，从入学开始就循序渐进地展开就业指导工作，不要把就业指导变成仅仅针对毕业生的招聘指导，要逐步引导大学生正确地制订自己的职业生涯目标及规划，将就业指导工作贯穿于大学生的整个学习生涯。其三，进行以就业为导向的高校教育与教学改革。调整学校内部自身教学内容和教学方法，与时俱进，形成一套新的符合当今时代发展和经济结构调整的教育培养模式，开设具有专业特点、实践性强的课程，在教授学生专业知识的同时关注市场发展对复合型人才的需求，加强对学生综合素质的培养。

5. 加强及完善政府部门在毕业生就业工作中的职责

首先，进行宏观调控，制定相关的政策法规，辅助、完善就业市场体系的形成及健康发展。其次，合理地加大宏观调控力度，发布一系列的优惠政策，促进人才的合理流动，优化人才的配置。最后，各级地方政府还可以建立针对应届毕业生及失业人员的失业保障系统和培训机制。

大学生是中国巨大的人力资源财富，毕业生失业是人力资源的浪费。通过建立健全毕业生的失业保障系统，社会稳定得以维护，人力资源得以充分地重新配置和优化，体现了国家“和谐社会”的政策宗旨。同时，对人才市场上的失业人员进行有针对性的组织培训，加强就业与再就业指导，尽最大可能地提高失业人员的再就业竞争力。

## 第三节　大学生就业环境

大学生就业环境是根据一定时期社会经济发展需要，由国家职能部门、高校、用人单位以及大学毕业生诸要素以一定的组织方式构成的有机的联系网络。它不是一种知识体系，而是我们考察大学生就业这一社会问题的共同理论框架。它为我们考察大学生就业问题提供基本的观念、原则和方法。因此，我们必须从就业环境共同体的组织结构和运行机制中对问题进行整体性的把握，而不是单从毕业生或用人单位某个环节或某个局部去考察，这正是环境模式分析的方法论意义所在。

## 一、正确认识大学生就业环境

### （一）大学生就业环境特点

（1）大学生就业环境是由大学生、用人单位、高校和国家职能部门为要素构成的有机整体。

各组成要素具有共同的组织结构、组织方式和运行机制。在共同体中，诸要素各有其作用和功能，并互相关联、互相补充、互相促进，按照共同原则运动，从而构成就业网络体系。

（2）大学生就业环境并不是一个孤立、静止的模型，而是由社会经济发展因素决定的，受社会政治、经济、教育、科技诸方面因素影响的开放性体系。

我国大学生就业环境模式发展的历史、现状及未来走向正反映了这样一个过程。当前，我国的大学生就业体制正处于转轨的改革阶段，具体表现为大学生就业困难、人才闲置，而“热点地区”“热点单位”人才过剩，这种现状显然只是表面现象，实际上社会对高校毕业生的总体需求仍相当大。

### （二）我国大学生就业环境的演变

中华人民共和国成立后到20世纪80年代中期，我国大学毕业生实行由国家负责、统一计划的“统包统分”就业模式。就业模式的特点是国家职能部门根据用人单位总体需求情况统一制订毕业生分配计划，毕业生由学校根据国家分配计划统一落实到具体的用人单位。因此，当时毕业生的指导思想就是要求大学生完全服从国家安排，号召学生到祖国最需要的地方去。这种指导思想适应了当时国家计划经济下高度集中的资源配置方式，保证了国家重点建设项目和边远落后地区的人才需求。但是在这一就业环境中，毕业生与用人单位作为供需双方是相互脱节的，片面要求学生无条件服从计划分配，极易造成人才资源配置上的积压浪费和人才使用上的学非所用、用非所长。随着社会主义市场经济体制的建立与发展，原有的常态环境越来越不适应社会发展的需要。

近年来，为与社会主义市场经济体制相适应，大学生就业模式逐步转向市场运行机制，“自主择业”的模式成为新的就业环境。市场调节就业模式以“自主择业”为核心，通过加强就业环境中各要素即毕业生、用人单位和高校之间的双向沟通与联系，实现就业环境的常态平衡。就业环境的结构特点从平面单向转向立体多维。在新的常态环境下，毕业生主要依靠个人条件参与市场竞争，不再依赖国家行政手段就业；用人单位依靠工作条件和工作待遇吸引人才、选择人才，不再依靠国家行政命令被动接受就业人员。新的常态环境与原常态环境最根本的区别在于计划转向市场，被动变为主动，充分地调动了毕业生和用人单位的积极性。模式运行机制以“优胜劣汰”、双向选择的市场竞争为主导，以人才市场和就业市场为中介，实现人才供需关系的动态平衡和人力资源配置的效益最优化。“自主择业”市场调节型大学生就业模式目标，为我们从根本上解决大学生就业难的问题明确了方向。

## 二、大学生就业环境分析

### （一）宏观环境

1. 社会环境

社会环境指人类生存及活动范围内的社会物质、精神条件的总和，对社会环境的分析主要包括以下几个方面：

（1）社会政策。人的发展与社会政策密切相关。社会政策分析主要关注哪些事情可以干，哪些事情不能干；分析时不仅要分析现在，还要预测未来。

（2）社会的变迁与价值观念。社会变迁与价值观念分析要重点考查信息社会对职业生涯发展的影响，分析信息社会对人才成长的要求与挑战。另外，还要关注人的价值观念的变化。因为随着社会的发展，人的价值观念在不同程度地发生变化，人的需要层次也在不断提高，这些变化都将对人的职业发展产生直接影响。

（3）科学技术的发展。科学技术日新月异，知识更新的周期也日趋缩短。因此，在职业生涯规划中要充分考虑到知识的补充、理论的更新、观念的转变、思维的变革等。

（4）社会文化环境。社会文化环境包括教育条件和水平、社会文化设施等。在良好的社会文化环境中，个人会受到良好的教育和熏陶，从而可能为职业发展打下良好的基础。

2. 经济环境

经济环境对人的职业生涯发展有着一定的影响，诸如经济增长率、经济景气度、经济建设的重点转移等等，都可能影响人的职业变化。

当经济振兴时，百业待举，新的行业就会不断出现，新的组织也会不断产生，机构增加，编制扩容，从而会为就业及晋升创造有利条件。反之，经济衰退时，就会带来不利影响。另外，在经济发展水平高的地区，企业相对集中，优秀企业也比较多，个人职业选择的机会比较多，因而就有利于个人职业发展；反之，在经济落后地区，个人的职业发展也会受到限制。经济模式的变化也对人有着广泛的影响。比如，由计划经济转为市场经济，加上知识经济社会的到来，给人的生活方式必然带来巨大的变化，对就业、个人发展、个人素质也必然会提出更高的要求。经济主观化的发展，也会对个人素质提出更高的要求。例如，要求经营人才不但要精通专业技术与经营知识，还要精通外语、熟悉国际贸易法以及异国他乡的风俗习惯等。

大学生的就业受一定时期经济的规模、经济结构及劳动力供给等多方面因素的制约，也就是说，经济因素是影响毕业生就业最直接、最重要的因素。随着国家经济的快速发展，国企改革的逐渐完成，西部大开发、振兴东北老工业基地以及中部的崛起等发展战略正在逐步推进。近几年，国有企业将继续吸纳大批人才，并将继续成为毕业生就业的主渠道。同时，随着市场经济体制的推进和完善，非国有制经济如民营企业、私营企业在国民经济中的作用也日益凸显，在解决劳动就业方面也发挥着积极作用，非国有制经济单位也是目前毕业生就业的重要渠道。

3. 政治环境

政治制度、政治氛围和经济发展是相互联系的，政治制度不仅影响到一国的经济体制，而且影响着企业的组织机制，从而直接影响着个人的职业发展。政治制度和氛围则潜移默化地影响个人的追求，从而对个人的职业生涯起着间接的影响作用。

近年来面对大学生就业难的问题，我国在毕业生就业制度改革上已经取得了一些突破性进展：一是确立了与社会主义市场经济体制相适应的高校毕业生就业制度，即“市场导向、政府调控、学校推荐、学生与用人单位双向选择”的就业制度；二是建立了中央和地方两级管理、以地方管理为主的管理体制，形成上下联动、齐抓共管的良好局面和工作机制；三是初步形成了促进毕业生就业的政策框架体系，创造了良好的政策环境；四是初步建立了毕业生就业指导服务工作体系，高校就业指导基本做到了机构、人员、经费“三到位”。同时国家积极提倡大学生到基层、到西部就业，每年都有大量的高校毕业生响应国家的号召，加入志愿服务西部基层的行列。据初步调查，在服务期满的西部计划大学生志愿者中，累计已有超过 200 人选择或意向选择留在服务地长期工作。

### （二）微观环境

1. 家庭环境

家庭作为一种微观环境，是客观因素的重要组成部分，在职业生涯规划中发挥着重要的作用。罗安的需要理论曾指出，父母的管教方式会影响子女的职业选择，童年的家庭生活影响子女处理人际关系的方式、情绪反应以及参与活动的态度与兴趣。另外，家庭的社会经济地位、父母对儿女未来职业的期待以及期待程度、父母的职业身份和父母的榜样作用等都会对个体的职业生涯起到不同程度的影响。除了这些间接影响之外，有时候父母还会对子女的选择进行直接的干预。所以，从一定意义上讲，大学生的职业选择不同程度地融合并反映了家长的意志。

职业选择的前奏是专业选择。家庭影响子女选择专业的一个主要途径是家庭环境的熏陶。例如，艺术家庭出身的大学生，在家庭成员长期的影响下，就很有可能继承父母的职业价值观，从而走上从事艺术的职业道路。

家庭作为大学生的后盾力量，对大学生的职业选择的影响不能忽视，尤其当大学生在职业选择道路上犹豫不决、徘徊不定时，听一听父母的建议可能是一种好的选择。

2. 学校环境

对学校环境进行分析，主要是分析学校的特色以及校园文化。每个学校由于历史的、文化的因素不同，都会具有各自不同的特色传统，了解和把握这些特色，对于大学生自身更好地成长和有针对性地择业具有积极意义。

不同的校园文化对大学生有着重要的影响。“校园文化”是一种在大学特定区域中生活的所有成员共同拥有的校园价值以及这些价值在物质意识形态上具体化的文化形态。通俗地说，校园文化是学校工作、学习和生活的全体人员所创造的、具有新内容和独特形式的、以不同形态存在而由最小单位所构成的整体。

总之，每一个人都处在一定的环境之中，离开了这个环境，便无法生存和发展。所谓“时势造英雄”，说的便是环境对人的作用。政治风云、经济兴衰、社会潮流，都在深刻地影响人的一生。只有充分适应与满足社会需要，认清形势，才能站在时代的浪尖上，从而最大限度地实现个人的职业理想。

### （三）组织（企业）环境

在选择职业时，只有充分评估职业环境、职业要求以及自身状况对职业生涯的影响，才能找准职业方位。

根据国家人事部发布的预测，未来几年我国急需的人才主要有八大类：以电子技术、生物工程、航天技术、海洋利用、新能源新材料为代表的高新技术人才、信息技术人才、机电一体化人才、农业技术人才、环境保护技术人才、生物工程研究与开发人才、国家贸易人才和律师。在这八类人才当中，更热门的有如下几个专业的人才。

1. 网络人才继续走俏

随着互联网行业的回暖，网络人才将会更加走俏，而其中风头最劲、薪资最高的当数软件工程师、游戏工程师和网络安全师等。最新数据显示，从 2010 年到 2020 年，中国需要 200 万软件人才，目前尚有 10 万 ~ 40 万个电脑软件职位的空缺。其中，制作电脑动画和特别效果的职位急需人才，该行业企业年营业额超过了 150 亿美元；在互联网收费盈利中最成功的网络游戏业，对电子游戏人才需求更大；此外，由于我国电子信息网络安全系统较为薄弱，网络安全正在成为一门新兴的产业，网络安全工程师也将成为热门职业；而根据调研机构和招聘网站的调研，每年相关各类企业对网络工程师的人才需求缺口有 60 万之多，其年薪可达 20 万元左右。

2. 土木工程受到追捧

在 2006 年以前，土木工程一直处于不温不火的状态。这一现象其实并不难理解，随着国家基础设施建设的加强和西部大开发战略的推进与实施，建筑业也随之水涨船高，成为国民经济的支柱产业之一，其中房地产行业的蓬勃发展必然导致相关行业对人才的需求大增。

3. 汽车制造业提供大量岗位

经过几年快速的成长，中国目前已成为世界汽车制造大国之一，政府也正在积极地扶持汽车产业。汽车产业的发展，将会带动零售部件制造、售后服务、汽车美容等相关产业的发展，从而可以为社会提供大量的工作岗位。

4. 中医药行业渐渐升温

中医药是中国传统的优势行业，现代医药技术的发展以及中医在世界范围内被广泛地认可，也促使了中医药行业的快速发展和大量的人才需求。

5. 市场营销、国际贸易专业需求旺盛

市场营销、国际贸易专业近年来高校招生情况比较理想，毕业生的就业形势也比较良好，随着国外企业本土化和国内企业国际化步伐的加快，高素质的营销人才与国际贸易人才也会越来越走俏。

6. 广告新行业，朝阳无限好

广告业目前已发展成为蕴藏巨大商机的新兴产业，甚至已成为经济生活中不可缺少的一部分。近几年来，广告专业人才的需求一直在稳步地上升。预计今后几年，虽不会出现激增的局面，但是其用人潜力还是会很大，尤其是对高素质的创意人员等专业人才的需求将会加大，高校广告专业毕业生的身价也将会水涨船高，供不应求。

7. 外语、电子类专业前景依然乐观

从近几年高考招生的情况可以看出，外语专业或外语院校的报考热度依然不减。随着中国融入全球经济一体化步伐的加快，国家对外语类人才的需求也将逐年攀升，外语专业毕业生就业前景依然乐观。

近几年，国家对通信基础设施的投资每年都达到近 2000 亿元，计算机、通信工程、微电子等电子信息专业人才也需求旺盛，毕业生就业形势良好。

8. 新职业前景可待

除了上述热门职业外，一些新职业的就业前景也比较乐观，如健康管理师、公共营养师、芳香保健师、宠物医师、医疗救护员、计算机软件产品检验员、水产品质量检验员、农业技术指导员、信用管理师、黄金投资分析师、企业文化师、智能楼宇管理师、商务策划师、会展策划师、景观设计师、磨具设计师、动画绘制员、房地产策划师等。

### （四）行业环境

所谓行业环境分析包括对目前所从事行业和将来想从事的目标行业的分析。分析的主要内容包括行业的发展状况、国际国内重大事件对该行业的影响，目前行业优势与存在的问题、行业发展趋势等。

行业与职业不同，行业是企业的集合。在同一行业内，可以从事不同的职业。比如同样是从事教育业，有人憧憬大学教师职业，也有人想从事办公室主任这样的行政管理职业；同在保险行业，可以做一名奔波于一线的业务员，也可以做人力资源部经理。

分析行业环境的时候，一定要结合社会大环境的发展趋势，因为社会大环境会对行业的发展产生重要影响。例如，科学技术的飞速发展会使某些行业如同夕阳坠落，逐渐萎缩、消亡，也会使许多极具发展前途的朝阳行业不断出现、发展起来。分析行业环境的时候，还要注意国家政策的影响，看一看国家对某一行业是扶持鼓励还是限制制约，职业选择时尽量选择有前景、发展空间较大的行业。

大学生做职业生涯规划时需密切关注国家政策和经济大势。以环保行业为例，未来极有可能进入发展“牛市”。

中国每年因环境污染造成的损失达2800多亿元，环保问题几乎涉及各个行业和领域。专家预测，国家宏观政策的高度重视和改革，将为该行业的从业人员提供大好的机遇和发展平台。

行业前景不同于职业前景，所以求职时就不难理解“趋热避冷”依然是很多求职者的思维定式，银行业、IT业等热门行业往往意味着高收入、高福利和长远的发展，而农林牧渔业、传统制造业等行业却总给人收入低、工作枯燥的印象。因此在人才市场中，热门行业依然人满为患，冷门行业也依然乏人问津。

择业时不宜只盯着热门行业。首先，行业的冷与热是相对的，如前几年互联网业红极一时，但当其经济泡沫破灭时，下岗失业的人也不在少数。其次，热门行业中也有冷门职位，而冷门行业中也有热门职位，行业前景不等于职业前景。譬如，在IT行业，也有和计算机几乎没有必然联系的岗位，如行政管理、人力资源等；同样，在非IT行业，也需要大量IT人才进行系统的开发、建设和维护。懂得避开热门行业中的冷门职位，或善于发现冷门行业中有潜力的、成长性的职位，才是职场中的聪明人。

此外，还要记住两个原则：一是无论从事什么职业，都要考虑兴趣爱好与个性特点相结合。热门专业、职业、行业都可预测，但切不可因为追求热门而强迫自己从事不喜欢或不擅长的职业。二是无论从事什么职业，都要努力把它做好。一份职业的前景如何，最大的决定因素并非行业前景，而是自己有没有用心去做，能不能成为某一领域的专家。现代社会专业分工越来越精细，个人只要做好自己的工作，真正做到“人无我有、人有我精”，就一定会有所建树。

### （五）企业环境

企业是从业者直接生存和发展的土壤。每个企业都有自己的发展目标、运作模式，了解企业的基本情况是成为“圈里人”的基础，便于自己以后迅速适应新的环境。此外，为了生存和发展，企业本身也要随时关注、适应社会大环境的变化，并采取相应的变革措施，这也必将影响成员的个人职业生涯。科学的职业生涯规划一定要把个人的发展与组织的发展结合起来考虑，才能顺风顺水。

企业环境分析包括企业在本行业的地位、状况和发展前景，所面对的市场状况，产品在市场上的发展前景，能够提供的岗位等，具体包括以下三个内容。

1. 企业实力

企业在本行业中是具备很强的竞争力，还是处于一个很快就将被吞并的地位？发展前景如何？企业是力图“做大”“做强”，还是空有其壳？有没有长久的生命力？企业的发展领域在哪些方面？在本行业中的地位和发展前景如何？战略目标是什么？企业在社会中的地位和声望如何？企业的产品在市场上的表现和发展前景如何？

2. 企业领导人

企业主要领导人的抱负及能力是企业发展的决定性因素。企业主要领导人是真想干一番事业，还是只想捞钱获利；他的能力是否足以带领员工开创新天地；有没有战略的眼光和措施；是否尊重员工等。很多成功的大企业都有一位出色的企业家掌舵领航，如海尔的张瑞敏、联想的柳传志等。

3. 企业文化和企业制度

企业文化是全体员工在长期的生产经营活动中形成并共同遵循的最高目标、价值标准、基本信念和行为规范。企业文化是影响企业经营效益的重要因素，如果个人的价值观与企业文化有冲突，难以适应企业文化，那么在组织中就难以发展。

企业文化不是空洞的标语口号，真正的企业文化存在于每个人心底，从日常行为中自然流露出来。没有优秀的企业文化便不会有卓越的企业。从某种角度来说，企业文化折射了企业领导人的抱负。

企业制度设计的范围比较广，包括管理制度、用人制度、培训制度等。尽可能地了解以上这些信息，了解企业在组织结构上的特征与发展变化趋势，分析这种安排对自己的未来可能带来什么样的影响。特别要注意企业用人制度如何；能否提供教育培训机会；提供的条件是什么；自己将来有没有可能在该企业担任更高级的职务或担负更大的责任；个人待遇提升的空间有多大。

总之，通过以上分析，你应理出一条清晰的线索，确定自己的职业生涯在这个行业、企业中是否有足够的发展空间，衡量自己的目标是否能够在该企业得以顺利实现。

### （六）地域（城市）环境

选择工作地点也是大学生职业规划中最重要的一个部分，甚至可以说，选择在哪里工作的重要性一点也不比选择从事什么工作低。

城市环境方面主要表现为东热西冷，供需失衡的情况进一步恶化。某招聘网站发布的覆盖全国 40 所全国重点大学，涉及 33 个大行业 5800 家企业的《2012 全国毕业生就业调查报告》显示，上海、北京和广州是 2012 年应届毕业生最愿意去的工作地点，其次为浙江和江苏，占调查总人数的 26.1%，愿意去这两个地区之外工作的人仅 15%。此外，中西部地区，以及工作条件稍差一点的东部市郊对毕业生的需求也远远没有达到饱和程度。毕业生增量的矛盾集中到了大都市、省会城市和城市的中心地带，可见工作区域选择在当今毕业生心目中的重要性。

毕业生过分集中于少部分大城市就业加剧了就业的竞争，已经成为当今大学生就业困难最重要的原因之一。而对于整个国家而言，广大农村甚至中小城市长期得不到高等人才，这就使区域经济发展不平衡进一步加剧，经济发展差距的拉大反过来又使大学生更不愿意到相对落后的地区工作，由此形成一个可怕的恶性循环。

对于大学生而言，就业不仅仅是一份工作和职业的选择，很多时候更是一个生活环境甚至一种生活方式的选择。就业区域正是对生活环境和生活方式影响非常巨大的选择。

事实上，根据商业上“人弃我取”的原则，大学生在规划自己职业的时候大可不必集中于珠江三角洲或者长江三角洲等大城市，因为这些区域的就业竞争相当残酷，一般的毕业生想找到一份非常称心的工作实属不易，而内陆不少区域的就业竞争相对较小，大学生在那里也更为吃香。选择中小城市并不是逃避竞争，而是应形势发展而做出的一个合理的选择；选择到西部边远山区就业更是实现自我的社会价值的有效途径，当然非常值得提倡。

不少毕业生选择到北京、上海、广州等经济发达的地方找工作。对此选择，可以而且应该理解。毕竟，大城市的机会总是相对较多。但这也不能一概而论，比如学动物医学的毕业生，内蒙古的就业机会就远远大于上海；学水产专业的学生更容易在拥有水域的城市找到工作；搞文化艺术当然在北京好；从事金融贸易则应该选择上海……核心竞争力是关键。有了核心竞争力，地域优势反而更明显。

无论是大都市还是小城镇，人才结构均呈金字塔形，高端人才少。人才分布呈山地型，有的地方人才多，是高地；有的地方人才少，是平地。东北振兴、西部开发和中部崛起，这些地区的发展对中高级人才的需求都非常大，在进行职业规划的时候，毕业生可以客观地分析自己，不必过于拘泥于传统的地域限制，选择一个适合自己发展的平台，寻找更广阔的发展空间，这才是最重要的。

### （七）职场环境

世界万物都有其运行的内在规律，看似风起云涌，暗礁浮动的职场同样如此。作为即将奔赴职场竞技的大学毕业生和准大学毕业生，只有看清职场的运行规律，尊重它的潜规则，并在实际工作中努力储备和提高自身的职业竞争力，完善个人的综合职业素质，才能避免被市场吞没的危机，进而达到个人职业生涯的一个个高峰。

许多毕业后的大学生都有过这样的困惑：实际就业与自己的职业理想相差甚远，收入也与期望值有较大差距。为什么会有这样的情况出现？有关专家认为，缺少必要的就业前的职业规划，缺少对职场的前瞻，因此造成了很多职场新人刚踏上工作岗位就有了职业失落感。职场上有句名言：“你今天站在哪里并不重要，但是你下一步迈向哪里却很重要。”成功的人生需要正确的规划。

# 第二章　大学生就业指导的流程

## 第一节　大学生就业的准备与调整

随着改革的深化和市场经济的大发展，社会为大学生提供了广阔的就业天地，因此，大学生应该做好充分的就业准备工作，适应社会的发展和现代化建设的需要。怎样做好就业的准备工作，是将毕业的每个大学生都必须认真思考的问题。

社会中各种各样的职业，都要人去从事。然而任何一个人并非天生就能从事某种职业或承担某种职责，每个人都需要或长或短的就业准备期。所谓就业准备，有广义和狭义之分。广义的就业准备既包括未就业者为了能从事某种职业或获得某种职位，在一个相当长的时期内所做的就业准备工作；又包括已就业者为了进一步做好本职工作，或改换职业所进行的准备工作。狭义的就业准备是指未就业者为了能从事某种职业，或获得某种职位，在一定阶段内所做的准备工作。

大学生的就业准备，属于狭义的范畴，主要指大学生进入毕业学年，为就业而做的各种准备，它是大学生就业的基础和前提，因此非常重要。一方面就业准备是大学生求职择业的基础。大学生只有进行了必要的就业准备，才有可能产生相应的求职择业行为；做好了充分的就业准备还有助于大学生选择一个理想的、合适的职业，实现就业目标。另一方面就业准备是社会发展的客观需要。随着社会经济的繁荣、科技的进步，社会职业对从业者的身体素质、心理素质、思想素质、科学文化素质等提出了新的要求。这就决定了大学生只有做好充分的就业准备，才能适应社会发展对人才的需要，更好地为社会做贡献。

人在就业准备期需要准备的内容很多，但对大学生这样一种特殊层次的人来说，主要的是知识准备、能力准备和心理准备。

### 一、知识准备

一切职业都要求从业者具有相应的知识、能力和技能。知识可分为专业知识和一般常识。前者指从事某种专门职业或进行某种特殊活动所必备的知识，后者指人的日常生活或一般活动所需要的普通常识。

知识是大学生就业的基础条件。用人单位招收毕业生的根本目的也是获得知识、获得资源。因此，许多用人单位，尤其是跨国公司、三资企业都比较重视对应聘者综合能力及所学专业知识的考查。其中，所考查的专业知识，往往是最基本的，甚至都是些常识性的东西，但是许多学生的考查结果令人十分担忧。理光（深圳）工业发展有限公司曾进行过一次测试，参加测试的近 400 人，其中还有不少研究生，但及格的只有 7 个人，而那几道试题，都是些应试者学过的最基本的知识点。很多同学都后悔没有及时复习以前学过的知识，有的同学甚至说，事先哪怕是看一眼也不会错了。然而，残酷的事实是没有及格的同学失去了进一步面试的机会，也就无缘加入该公司。那么毕业生该如何做好知识的准备呢？

从长远来看，大学生必须积累系统精深的专业知识，形成全面广博的知识结构，这些都是从日常学习生活中积累起来的。

### （一）系统精深的专业知识

随着时代的发展，良好的高等教育背景在择业和创业中的重要性日益上升。统计资料显示，在所有的大企业家中，接受过高等教育的占绝大部分，而且，随着时间的推移，教育程度较低者的比例将逐步下降。专业知识是大学生整个知识结构的核心部分，是每一类人才知识结构的特色所在。原新浪网总裁王志东曾说过："大学生创业的前提是要打好基础，不管学什么专业，都要吃透专业的精髓，同时全面提高综合素质。"面对社会对各类人才的专业知识的考察，大学生必须从以下几个方面做好充分的准备：

第一，从所学专业体系的学科内容上，要对专业知识的概念体系、理论体系、学科历史、研究方法、学科前沿知识、相邻专业领域知识以及本专业国内外的最新动态这七个方面的内容有比较清楚的了解和认识。

第二，从所学专业体系的结构内容上，应建立合理的专业知识结构。所谓合理的专业知识结构，是指从事某类具体的职业岗位所需专业知识体系的构成情况与结合方式，即专业知识体系的具体组合。由此可直接将专业知识转化为相应职业岗位的工作能力，这种能力就胜任本类岗位而言有着较长的持续性，从而表现出创业者适应某类工作岗位所具备的基础和潜力。比如一部收音机，它所需要的零部件数远不及一座电子元件库的配件数量，但它具有接收播放功能，而电子元件库却没有。这是因为收音机是按照人的需要和科学规律组装而成的，已形成一个可完成接收播放功能的系统，而电子元件库只是将电子元件分门别类存放而已，这些元件是单独的、零散的，所以它不具有系统的功能。因此，大学生所学的专业知识必须是系统的、合理的组合，才能接受职业岗位的检验，在实际工作中发挥作用。

### （二）全面广博的知识结构

大学生除了具备系统精深的专业知识之外，还必须要有全面、合理的知识结构，注重知识结构的整体性。一个人要成才，仅有单门学科的知识或虽有多门学科知识，但其组成并不协调，结果是不能如愿成才的。大学生在学好专业知识的同时，还要确立“通才”意识，更好地适应市场经济发展对人才的要求。美国的有关机构曾历时 5 年对 1311 位科学家进行跟踪调查，结果发现，绝大多数是以通才取胜，仅有个别是只精通一门的专才。在诺贝尔奖获得者中，多数是进行综合性研究的通才。

作为当代大学生，应充分认识广博的知识结构对自己今后的就业以及成就事业的重要意义，变被动学习为主动学习，力争在校期间能学到更多的知识，并不断完善自己的知识结构，为今后的工作奠定扎实的基础。关于这一点，除了在哲学、政治、经济、军事和艺术等方面具备必要的知识之外，尤其应注意掌握以下三个方面的知识：

1. 法律知识

市场经济是法制经济，在市场竞争中，健全的法律、法规是不可逾越的游戏规则，尤其是在知识、经济全球化的背景下，这种“游戏规则”更加复杂、更加严格。强化法制意识，做到依法办事，这是每个公民所需要具备的基本素质。因此，大学生更应注重法律知识的学习，培养法治观念，掌握基本的法律知识，自觉遵守法律，同时学会运用法律武器来维护自己的正当权益。

2. 管理知识

在人类漫长的历史长河中，所有重大的事件、卓越的发明、宏伟的工程，都必须经过精心的策划和有效的管理。在现代社会中，不管人们从事何种职业，事实上人人都在参与管理，管理国家、管理政府、管理某种组织、管理某个部门、管理某项业务、管理家庭、管理子女以及管理自己的行为、时间、精力、财富、事业。管理无处不在，无处不有。它既是成功的要素，也是失败的根源。一个人，只有懂得管理，才能更好地服从管理；只有学会管理，才能在实践中有效地运用管理。特别是对那些有志于成大器者，丰富的管理知识显得尤为重要。

3. 商业知识

商业知识能有助于培养人们的洞察力和决断力，具备一定的商业知识，可以帮助人们面对纷繁复杂的商业信息，进行清醒的加工、提炼，准确地把握商机，赢得发展的机遇。市场经济中，商品交换是经济生活中一种极为常见的现象。但对于一个大学生来讲，不能把经济生活仅仅看作商品交换，而应从理性的高度去认识经济生活，尤其是那些有志于自主创业的大学生，积累一定的商业知识非常必要。只有懂管理、会经营，具备把握市场的能力，及时调整商业经营战略，才能把技术思想和经营理念有效结合，生产符合社会发展的、人们喜欢的适时产品，并取得创业的成功。

因此，大学生必须有效地利用在大学里的宝贵时间，广猎群书，以开拓思维、丰富思想、积累知识。多读专业课方面的课外读物，它可以帮助大学生加深对专业知识的理解和领悟，并有所创新和突破；还包括社会科学和自然科学各领域的书籍，如科技、文学、自然、哲学、法律、管理等各个门类，当然这方面的书籍可以根据兴趣和爱好来选择，不必把它当作任务或负担。但是要记住尽可能地多读书，因为倘若不在这一阶段储备足够的知识，那么大学生对未来的人生期望将难以如愿。在年纪渐长以后，知识不仅会给选择职业带来信心、在职场获得成功，而且在读书上的认真与刻苦还将会成为大学生疲倦时休憩的港湾，遭遇挫折时避难的场所，受益终生。大学生利用好眼前的时光，把读书当作一种习惯，尽情地享受读书的乐趣，这是一条非走不可的路，现在多用功一小时，就可以早一小时到达目的地，早日获得成功。

通过对一些用人单位招聘时所涉及问题的分析，提供以下几点建议供大家参考：

（1）复习所学专业课的基本知识点。这些都是学习过程中老师反复强调要掌握的，而且当时也已经掌握了，只是时间久了记忆变得模糊了。同学们只要稍微看一下就可以记起，但在面试过程中会起到预想不到的效果。

（2）分析和总结各门专业课之间的联系。这往往对回答一些专业方面综合性的问题有所帮助。对一些题目，主考官不一定非要你做出完全正确的回答，他们往往更看中你的思维方式和解决问题的方法。如果事先对专业知识的结构有一定的了解，那么就能够用一种比较清晰的思路来回答这类问题，也就更容易打动考官，增加成功的可能性。

（3）了解专业领域的最新动态和技术。现在的企业，尤其是外资企业，他们的生产线可以说已经代表当今社会比较先进的水平，我们在课本上所学的知识很难做到与生产实际完全衔接。而企业在面试过程中往往会或多或少地涉及一些专业领域比较前沿的东西，应聘者如果能很好地回答此类问题会更容易得到考官的欣赏。做好此项准备工作可能要花费很大的精力，需要翻阅很多相关报刊书籍，但只要注意和收集课堂上老师所介绍的一些新知识、平时注意信息的积累，就可以做到事半功倍。

## 二、能力准备

知识与能力并重已经成为社会的共识。只有文凭而无实践能力的人，社会对他的认可度非常低。大学生在学习和掌握知识的时候，应该想到如何运用这些知识，提高自己的实践能力。大学学习期间，要坚持理论与实践的统一，除了重视“第一课堂”的学习外，还要积极参加“第二课堂”的实践活动，只有这样，构建的知识结构才是扎实的、平衡的。

通过前面的介绍，我们知道需从哪些方面进行就业知识的准备，那就业能力又该从何处着手呢？答案是应该从用人单位对录用毕业生的基本标准入手，总结用人单位的标准。劳动人事局对劳动者素质的一份调查得出的结论是：创新、复合、外向型人才是新时期的宠儿。一般认为，大学生就业前应当具备的基本能力包括：

### （一）掌握现代信息知识的能力

良好的信息能力的培养至少包括这样几个方面：一是个体在心理结构上建立一个开放的、全方位的信息接收机制，对过去、现在、未来的信息，纵向与横向的信息都加以接纳和捕捉；二是个体从新需求的角度对原有的信息、知识进行叠加、重组，或进一步系统化；三是通过传译和交流来保持信息的新陈代谢，信息不能一成不变；四是熟练运用和掌握计算机技术。我国的政治、经济、文化各方面的发展和人的发展都离不开信息化，整个社会更加信息化将是必然之势。但我国目前的信息基础薄弱，这就给我国的信息化道路带来挑战和机遇。挑战是不言而喻的，机遇则在于可以避免少走弯路而“后来居上”，与之相应，年轻人的成功也面临着巨大的机遇和挑战。机遇在于信息化的社会将提供更多的成功机会，在于社会对他们的成功提出了更高的要求，能够培养信息能力是时代为他们提供的最大恩赐，也是时代对他们最严峻的考验，只有那些掌握了丰富的信息知识，在信息观念的支配下、在信息道德允许的范围内自由发挥信息素质（能力）的人，才有可能成为未来社会的栋梁之材。

### （二）学习能力

我们处在一个信息化的学习社会中，现代教育学理论认为，信息时代下学习的特点为：学习是个体建构的过程，个体在社会文化背景下，在与他人的互动中，主动建构自己的认识与知识。社会学大师马克思·韦伯所说的“人类是生活在自己编织的意义网中的动物”，是对这一理论的最好解释。所以，信息社会的学习是一个充分发挥个人主动性和弥补个人思维缺陷的过程。人人都拥有难以预测的多种潜能，人的求知方法也拥有多种多样的风格，表现为不同的广度和深度，我们必须珍视所有求知的方法，并尽可能地借助他人的力量。同时，现代的信息技术为信息化的学习型社会的形成创造了条件，我们要变单一的、被动的学习方法为自主的探索和合作型的学习方法；要培养密切关注社会、关注人生、关注科学的人生态度；要增强心理上对正在变化的环境的适应能力；我们在认识事物的时候，要注重通过对前后流程和背景的解读、直觉性理解、创造活动及操作活动来加以掌握，同时要注意克服学习中的机械主义、绝对科学主义和任何的功利主义倾向。

科技发展越来越快，知识经济一方面使知识价值倍增，另一方面也使知识贬值加快。企业的生存与发展，在相当大的程度上取决于能够对知识进行快速更新。这就需要企业和人才有很强的学习意识，随时接受新的信息，跟上科技更新、市场变化，决不能因循守旧，要适时而变。这样的人才会给企业带来持久的生命力和旺盛的活力，从而在激烈的竞争中取胜。

### （三）创新能力

创新是指思想的产生、演化、交流并应用于产品或服务中，以促使企业获得成功，其核心是科学技术的创新。创新是知识经济发展的基础。从广义上来说，创新还是一种对新思想、变化、风险乃至失败都抱积极态度的企业行为方式。正是由于这种创新，美国企业才能多年来在高科技领域保持领先。具有创新意识、思维开阔的人才将在企业的知识创新机制中大展才能，为企业带来难以预料的生机和活力，因此最受青睐。创新能力是在多种能力发展的基础上，利用已知信息，创造新颖独特具有社会价值的新理论、新思维、新产品的能力。它是一种综合性的、高层次的思维能力和行动能力。从社会方面来讲，经济的发展、科技的进步离不开发明创造。对于个人来说，成功、成才依赖于发明创造。用人单位更需要具有发明创造能力的大学生。创新能力包含多方面的内容，如强烈的好奇心，细微的观察力，大胆设想、勇于探索的精神以及提出问题、研究问题、解决问题的能力，等等。大学生要自觉培养这些能力，为走上工作岗位后创造性地工作打下扎实的基础。创新在21世纪知识经济时代中具有举足轻重的地位，它不仅是知识经济时代经济发展、财富增长的源泉，也是知识经济社会全面发展、文明进步的重要推进器。创新不仅具有重要的经济价值和功能，而且对社会发展与进步具有重大的意义。这就决定了21世纪的求职者必须是具有创新精神和创新能力的高素质人才。而健康的人生价值取向与崇高的献身精神是21世纪青年成功的基础，是培养盛世青年非常重要的一种思想品质。

尽管创新是一种经济行为，但是创新并非一定会有经济收益，因此，如果青年人没有敢于牺牲个人利益、敢于放弃舒适安逸生活的人生价值观，就不可能进行创新。敢于创新、善于创新、自觉提高创新能力并规范创新行为，不仅是一种高度社会责任感的体现，而且是一种崇高的献身精神，也就是把自己所有的聪明才智、无限的创造潜能奉献于社会的全面发展，奉献于民族的振兴，奉献于人类的文明进步。

### （四）团队协作能力

沟通协调能力与团队协作能力越来越为用人单位所看重，大学毕业生在求职过程当中应该做到有的放矢，针对用人单位的需求，展现自己在这些方面的经历特长。从调查反馈的信息来看，平时在学校参加社团、组织策划过某些项目的大学生最受用人单位的欢迎。进入单位后，一个与领导、同事们配合工作，容易与人沟通协调的大学毕业生比较容易获得更多的机会。“团队合作是非常重要的。”北京拜耳光塑板材有限责任公司人力资源部经理吴白莉举的一个招聘过程中的事例就很能说明这一点。她说，“有一年，我们公司的上海办事处要招聘一名销售助理（相当于秘书），在前来竞聘的200多人中，挑来挑去，好中选优，最后剩下了5个女孩参加面试。5个女孩在面试开始前，相互致意表示准备友善地公平竞争，这个场面让我很感动，因为我们都知道，每个人只有20% 的机会。为了缓解紧张的气氛，我说，‘你们想喝点什么，随便点’。有 3 个女孩说要咖啡。当一位销售代表拿来了第一杯咖啡时，有一个女孩说：‘哎呀！这个放了糖和奶，我喝咖啡不加糖不加奶’。第二个女孩说，‘我喝加奶但是不加糖的咖啡’。第三个女孩说，‘那给我吧，我无所谓，怎么样都行’。这时候正式的面试还没有开始，但是我们已经在面试评价表上划去了前两个女孩的名字了。“在我们这样的公司里，团队合作是非常重要的。秘书实际上是一个处于基层的位置，这个职位决定了必须有很强的忍耐能力和协调能力。这几个女孩的专业能力都不错，她们不仅电脑、英文很好，而且熟知国家相关政策，她们的知识面是令人满意的。但是，拒绝第一杯咖啡的那两个女孩，让我们无法相信对这样的小事都这么挑剔的她们又怎么能够与办事处的其他员工和谐相处、共同工作呢！”

### （五）表达能力

表达能力是指运用语言阐明自己的观点、意见，或抒发思想的能力。它包括口头表达能力、文字表达能力、数字表达能力、图示表达能力等几种形式。对于大学毕业生来说，表达能力的重要性是不言而喻的，不仅在参加工作走向社会后，会强烈地意识到这一点，在求职择业的时候也会有深切的感受。比如，求职自荐信的撰写、个人材料的准备、回答招聘人员的问题、接受用人单位的面试等，哪一个环节都需要较强的表达能力。而培养表达能力，关键在于提高表达的准确性、鲜明性和生动性。准确，是对人们表达能力最基本、最首要的要求。同时，表达又需要有人来接受。只有鲜明的、生动的表达，才能更好地排除人们接受信息时的各种障碍。因此，大学生在培养表达能力时要尽可能地向准确、鲜明、生动的方向努力。

### （六）适应能力

适应社会和改造社会是对立统一的两个方面。五彩缤纷的现实生活使刚刚步入社会的大学毕业生眼花缭乱，很不适应。人类文明总是在继承与创新的矛盾运动中发展起来。适应社会，正是为了担当社会赋予我们的职责和使命。适者生存，生存就是为了发展。大学毕业生只有注意培养自己适应社会的能力，走向社会后才能缩短自己的适应期，充分发挥自己的聪明才智。一个人适应社会的能力是其素质、能力的综合反映，适应社会能力的强弱与他的思想品德、知识技能、活动能力、创新能力、处理人际关系的能力以及健康等密切相关。当然，对社会、环境的适应，是主动、积极的适应，不是消极的等待和对困难的屈服，更不是对落后、消极现象的认同，甚至同流合污。适应要同发展结合起来，要同改造联系起来。

### （七）动手能力

动手能力其实也就是实际操作的能力，它是人的智力转化为物资力量的凭借，是专业工作者必须具备的一种实践能力。在现实生活中，尤其是在科研等方面的生产一线，大学毕业生实际操作能力的强弱，将直接影响其作用的发挥。比如，作为一名科技人员，只懂得技术原理却没有操作能力，在很多情况下是不能完成技术任务的；作为一名教师，只有丰富的知识也是不够的，还要有把自己的知识传授给学生的能力，如此等等。所以大学生必须重视动手能力的培养，注意克服只注重理论学习、轻视实践操作的倾向。

### （八）交际能力

交际能力是人际交往的能力，实际上就是与他人相处的能力。社会上的人际关系远不如学校中的同学、师生关系那么简单。大学毕业生步入社会后，要与各种各样的人发生这样和那样的关系。能否正确、有效地处理、协调好职业生活中人与人的各种关系，不仅影响一个人对环境的适应情况，而且影响他的工作效率、心理健康、生活的愉快和事业的成败。大学毕业生在刚走上工作岗位时，由于初谙世事，阅历较浅，缺少经验，往往感叹“工作好搞，关系难处”。因此，大学生自觉地培养良好的人际交往能力非常重要。

### （九）管理能力

尽管不是每个大学生毕业后都会从事管理工作，但是每个人在将来的工作中都需要具备不同程度的组织管理才能。现代社会表明，组织管理能力不仅是领导干部、管理人员应当具备的，其他专业人员也都应当具备。随着时代的发展，纯“书生型”的人才将无法适应社会的需要。不论哪个专业的毕业生，都既要有精深的专业知识，又要有一定的组织管理能力，这不仅是顺利就业的需要，也是时代的客观需要。

### （十）决策能力

决策能力就是对未来行为目标的判断和选择能力，良好的决策能力是实现目标并保证其通过科学手段实现的关键。凭借良好的决策能力能少走弯路、少犯错误，以较小的代价取得进步与成功。人的一生往往会碰到各种需要自己当机立断、痛下决心的事情。对于即将毕业的大学生来说，走向社会是人生的一大转折。面对求职，对于别人各种各样的意见和忠告，最终还是要靠自己拿主意。显然，这是对自己决策能力的一次检验。在未来的工作中，各种问题以及它们的变化进展都需要自己迅速做出反应，及时予以处理。因此训练和培养自己的决策能力十分重要，培养决策能力要从日常的小事做起，不要事事请别人为自己拿主意，要养成多谋善断的习惯。只有这样地日积月累，以后遇到重大事情时，才不至于无所适从。

### （十一）综合运用知识的能力

随着对外经济技术交流与合作的加强，国际的商务谈判和交往日趋频繁。这就需要大批的复合型和外向型人才。首先，需具备外语能力，使我们在语言沟通方面无障碍，能够与国外经济组织或机构进行交流，这需要掌握一门甚至几门外语。其次，通晓国际经济事务运行的一般规则，并在处理国际事务中积累丰富的经验。在参与国际竞争的商务谈判和交往中，熟知国际惯例和国际文化背景，理解不同国家之间的差异，促进交流。合同文本的基本格式、言语规范等都要符合国际规范。专业能力因专业的不同而有不同的内容和要求。但无论是什么专业的大学生，在就业准备期应该做到：学好专业知识，参加有关的科技活动和科研活动，结合专业参加社会实践活动，认真进行专业实习，认真做好毕业设计和撰写论文等。相关能力的准备是大学生就业的关键。

## 三、心理准备

### （一）大学生择业中的心理障碍

当前，由于受多种因素的影响，在大学生就业中存在某些不健康心理，特别是当就业的现实与理想存在一定距离时就会感到自卑或恐惧。择业是大学生人生中一次重大的选择和转折，因此，择业给大学生带来很大的心理压力，使他们背上沉重的精神负担，成为困扰莘莘学子的一大难题，也使部分学生产生这样或那样的心理障碍，这既不利于就业，也不利于大学生的工作和学习。心理障碍是由心理压力与心理承受力的相互作用使人失去应有的心理平衡的结果。大学生在择业中常见的心理障碍主要有以下几种：

1. 焦虑

焦虑是一种常见的以发作性或持续性情绪紧张、恐惧为基本特征的病态心理。适度的焦虑可以使人产生一种压力，增强积极向上、主动参与竞争的能力；过度的焦虑，则会干扰人的正常活动，产生较严重的心理障碍或疾病。

毕业前夕，绝大多数大学生都会产生各种焦虑心理。担心自己的理想能否实现，能否找到适合发挥特长、利于自己成长的单位和工作环境；害怕被用人单位拒之门外，十年寒窗付诸东流，无颜回江东见父老乡亲；担心自己的选择是否正确等。特别是一些长线专业（社会型专业）、性格内向、有生理缺陷或成绩不好、能力一般而又不善于“包装”自己的毕业生，则表现得更为焦虑。这种焦虑使大学生背上沉重的精神枷锁，常双眉紧锁，心情沉重，意志消沉，对任何事情都失去兴趣，注意力极度涣散，食不甘味，卧不安席，惶惶不可终日，特别在遭受挫折后，对因自己“无能”而招致的“失败”怀有深深的自卑或自咎。《中国青年报》的一项调查表明，有七成以上的大学毕业生对自己的前途感到担忧。

大学生择业中，焦虑心理的一种特殊表现就是急躁。尤其在职业未最终确定之前，这种心理表现得尤为明显，他们有时恨时间过得太慢，简直是度日如年；有时又嫌时间过得太快，最后期限将至，单位仍无着落。他们埋怨用人单位优柔寡断，怨父母亲朋办事不力，希望能一帆风顺，一蹴而就。一旦遇到挫折便暴跳如雷、怨声载道，特别是那些在规定期限内未落实单位的学生，心理更为急躁。这种急躁心理往往使他们缺乏自我控制，心理紧张，烦躁不安，无所适从，有时会导致事倍功半甚至事与愿违等结果。

2. 幻想

幻想是由心理冲突或害怕挫折所引起的。在择业中，有些大学生渴望竞争，希望能找到理想的单位、职业，但由于害怕面对严酷的竞争结果或屡受挫折后，便采取一种逃避态度，幻想不要参与竞争，“天上就能掉下馅饼”，如愿以偿地找到理想的工作。更有甚者陷入自我欣赏、自我陶醉的深渊，幻想用人单位能主动找上门来，哪个单位录用自己是其荣幸、“慧眼识金”等。有这种心理的大学生很容易脱离现实，不思进取，整日处于幻想的状态中，惶惶不可终日。事实上，自己的择业目标与现实产生很大的反差，很难找到理想职业。

3. 自卑

自卑是由于受暂时性挫折而产生的一种心理障碍。大学生在择业前，往往踌躇满志，跃跃欲试，很想一显身手，大展宏图，而一旦受到挫折后，有时容易产生自卑心理，自信心大大减弱，自尊心受到伤害，对自己全盘否定，感到一种空前的失败和愧疚。从此看不起自己，自惭形秽，总是过低估价自己；在择业中，往往缺乏自信心和勇气，不敢面对竞争。这在性格内向或有生理缺陷的学生身上表现得较为明显。自卑不仅使一些学生悲观失望，不思进取，错失良机，也有碍自身才能的正常发挥。过度自卑，还会产生精神麻木不振，心灵扭曲、孤独、丧失生活信心等心理现象。

4. 怯懦

怯懦在毕业生面试中表现得尤为明显。面试前，如临大敌、紧张不安、手忙脚乱；面试中，面红耳赤、语无伦次、支支吾吾、答非所问、手足无措，辛辛苦苦准备的“台词”“腹稿”一急之下，都抛到九霄云外，忘得一干二净；有的谨小慎微，生怕说错一句话，就怕一个问题答不好，影响自己的“第一印象”，以致缩手缩脚，影响水平的正常发挥。这种怯懦心理多见于一些女生和性格内向或抑郁气质类型的大学生。为克服上述弱点，要求毕业生平时要加强面试技巧的训练，培养自己的应变能力和语言表达能力，以便给用人单位留下良好的“第一印象”，从而帮助自己顺利就业。

5. 其他心理障碍

其他心理障碍主要包括问题行为和躯体化症状。问题行为是违背社会行为规范的不良行为。毕业前，一些大学生因某些个人需求没得到满足或受到强度较大的挫折，加之平日缺乏应有的品德与个性修养，可能发生各种各样的问题行为。常见的有逃课、损坏东西、对抗、报复、迁怒于人、拒绝交往、进行不良交往、过度消费、嗜烟、嗜酒等。躯体化症状是由于心理压力和生活方式而导致的异常的生理反应。毕业前的大学生，由于心理应激水平高、心理冲突强度大、挫折体验多，加之一部分大学生有性格缺陷，因此容易导致某些躯体化症状，如头痛、头昏、血压不正常、消化系统紊乱、背痛、肌肉酸痛、口干、心慌、尿频、饮食障碍或睡眠障碍等。这些症状若不及时救治，会危及学生的身心健康。

### （二）大学生择业中心理障碍的调整

大学生在就业准备的过程中，要注意调整自己的心理障碍，保持健康的心理。那么怎样才能使自己有一个健康的心理呢？首先要进行自我调节，充分相信自己，看到自己的优势、前途，减轻心理负担，保持良好的精神状态。其次做好充分的心理准备。树立正确的择业观，看问题不要极端化，处理好自我价值实现与社会的关系。具体而言，应当做到以下几点：

1. 努力转变求职择业观念

大学毕业生应该主动适应社会主义市场经济的要求，努力克服自身的心理障碍，进一步解放思想，转变观念，勇敢地面对社会的选择。

（1）改变国家统包统分的观念。长期以来，我国大学生的分配都是国家统包统分。如今，大学生就业由计划走向市场，有一个渐进性、阶段性的演变过程。就业制度的变化需要大学生主动适应，放开眼界，转变观念。大学生要善于推销自己，勇于参与社会就业的竞争，要不断提高自身素质，打好牢固的知识基础，全面发展，力争在社会上凭实力谋取一席之地。要丢掉依赖思想，树立自主择业和多渠道就业的观念，到祖国最需要的地方奉献自己的青春、发挥自己的聪明才智。

（2）改变一次就业的观念。一次就业定终身的事，不仅在社会主义市场经济条件下难以做到，就是在计划经济体制下也不可能完全做到。随着社会对人才要求的更新和提高，人才资源总是在不断地交换和流动中得到优化配置、有效利用。科学技术的突飞猛进和知识的快速更替，用人制度的改革和人才市场的建立，必将使失业和就业成为今后大学毕业生经常遇到的事情。因此，每个大学生都要有多次就业的思想准备。

大学生不要因为第一次择业不够理想就丧失信心，要抱定豁达乐观的择业态度，坚信“天生我材必有用”“西方不亮东方亮”，逐步树立多次择业的观念。通过反复比较，经过自身的不断努力，在实践中寻找适合自己的工作岗位，改变一步到位的观念。大学毕业生择业一般很难一下子就能找到理想的工作，因此须在就业问题上树立逐步到位的观念，勤奋务实，努力上进，专心致志，勇于创新，正确处理人际关系，正确对待事业挫折，在曲折的工作经历和多次的工作更替中，实现自己的人生抱负。

2. 转换角色

所谓转换角色，是指作为个体的人在社会关系中的动态描述。人的职业生涯不断出现变化，人的主要角色也随之变化，从一个角色进入另一个角色。对于绝大多数学生来说，大学阶段过的是一种单纯而有保障的生活，学习、生活、交际、娱乐都较有规律，在这样的环境里，容易萌发浪漫的情调和美好的理想，但这样的生活与现实社会自然存在一定的距离。几年大学生活即将结束，在离别母校，踏上社会之前，最重要的就业心理准备就是转换角色。要想正确地选择职业，就必须转换角色，不能把学校、家庭、亲友及同学所给予的关心、呵护、尊重当成是社会的最终认可。要摆正自己的位置，客观、冷静地进入求职状态，认识社会，了解社会，以自身的实力，积极主动地去适应社会的需要，在选择社会职业的同时，也接受社会的选择，正确地迈出人生中这关键的一步。即将走出“象牙塔”，走上工作岗位的大学生，要实现由一名学生到一名“单位人”或“企业人”的转变，就必须调整心态，树立积极正确的观念，这样才能尽快适应社会，有所作为。

大学毕业生要成功做到角色转换，首先，要客观全面地评价自己。大学毕业生大都自视清高，在走出校门之前，会有创造一番业绩的宏大抱负，但他们对社会生活的估计往往过于简单或片面，他们的理想目标不是基于客观条件之上。一旦遭遇挫折，很容易产生不安或不满的情绪，失去竞争的勇气。其实，社会是一个万花筒，其中既有好的、有利于人发展的一面，又有不好的、不利于人发展的一面。作为大学生，只有正视现实，接纳现实，正确地了解、认识自己，恰当地评价自己，将主观愿望与客观实际结合起来，才能站稳脚跟，找到真正改造世界、创造业绩的切入点。

其次，主动调整生活节奏。结束了宿舍—教室—图书馆三点一线的学校生活，进入一个生活节奏全然不同的新环境，只有主动调整自己的生活节奏，才能尽快适应新环境。还要学会支配、安排业余时间的学习和文化生活，不善于支配自己业余生活的人是很难适应新环境的。

最后，了解环境、进入角色。社会好比是一个大舞台，每个人都有自己的角色定位。毕业生应该认清自己在工作环境中所“扮演”的工作角色以及这个角色的性质、职责范围，弄清楚工作关系中上级赋予自己的职权和自己应承担的义务。只有这样，才能尽心尽力地去“扮演”好自己的角色。如果角色意识淡漠，一意孤行，我行我素，该请示的擅作主张，该自己处理的事务又不敢做主或推给上司、同事，势必会与新环境格格不入。

3. 确定合理的就业目标和就业标准

一个人的就业目标应和本人具备的实力相当或接近，所谓合理的就业目标，就是指选择的职业既符合个人的特点，也符合社会的需要，能充分运用自己所学的知识，发挥个人优势，多为社会做贡献的就业目标。今天大学生合理的就业目标主要包括两个方面：一是就业的主要目标。对于一个特定专业的大学生，在目前的就业形式下，最大的可能是从事与所学专业相关的职业。因此大学生应把能充分运用自己所学专业知识的职业作为自己就业的主要目标，这既符合学校教育、培养的目的，又能充分运用自己的专业知识，发挥专业特长。二是就业的次要目标。社会职业结构的不断变化，相应地对人才的需求发生变化。这就要求大学生在学好专业知识的同时，根据自己的兴趣、爱好，利用课余时间，通过自学等途径，学习有关知识，培养能力，制定与自己的兴趣、爱好相一致的就业目标。要确定合理的就业目标，大学生须合理调整就业期望值，优化自己就业的心理坐标。

（1）避免理想主义，及时调整就业期望值。近几年，毕业生择业期望值居高不下，已经影响到毕业生顺利就业。有些毕业生由于刻意追求最满意的结果，而错过了其他好的机会，有的甚至造成就业困难。尤其是有些条件好的毕业生，在择业过程中，脚踩几只船，这山望着那山高，不能及时调整就业期望值，以致后来就业困难，后悔莫及。

（2）避免从众心理，一切从自身的特点、能力和社会需要出发，不与同学攀比。毕业生处在择业洪流中，期望水平会受到其他择业者期望水平的影响。虚荣心、侥幸心理会使他们改变原有的自我期望而采取不切合实际的从众行为。这样做，只能得到一时的心理平衡，却不利于自身价值的实现和长远发展。

4. 敢于竞争，善于竞争

竞争冲击着人们的事业和生活，冲击着人们的意识和思想，在求职择业上亦是如此。毕业生应当克服自卑胆怯的心理，树立自信心和敢于竞争的勇气。有些毕业生在择业过程中缺乏自信，过低估价自己，总是自惭形秽，自己看不起自己。就业中往往缺乏自信心，缺乏勇气，不敢竞争。有的则把希望寄托在拉关系、走后门上，更有甚者让家长出面与用人单位洽谈。殊不知，这样做的结果只会让毕业生给用人单位留下缺乏开拓能力、独立生活和工作能力差的印象。当今社会，挑战与机遇并存，只有在择业之初，就树立自信心，敢于竞争，才能在众多的求职者中脱颖而出。

（1）敢于竞争。当今的时代，竞争机制已经渗入社会的各个领域和人生的整个过程。深化改革的今天对大学生强化竞争意识提出了迫切要求，也提供了客观环境。迎接新的挑战，强化竞争意识是大学生在择业前最基本的心理准备。

大学生强化就业的竞争意识，一是要在正确的自我评价的基础上，充分相信自己的实力，敢于通过竞争去达到理想的目标。二是必须在心理上准备同“铁饭碗、大锅饭”的传统告别，必须从社会进步和深化改革的角度来加深对竞争机制的认识，强化自身的竞争意识，自觉地正视社会现实，转变观念，做好参加竞争的心理准备。

（2）善于竞争。要想在求职与择业中取得成功，仅仅敢于竞争是远远不够的，还必须善于竞争。善于竞争体现在具备良好的心理素质、实力和良好的竞技状态。

在求职与择业竞争中，应注意期望值是否恰当。期望过高会使心理压力加大，注意力难以集中，造成焦虑，影响正常水平的发挥。在求职时，情绪一定要轻松自如。在面试时，要克服情绪上的焦虑和波动。如果一个人自始至终都以良好的情绪对待学习、工作和生活，那他就有可能在竞争中获胜。要做到善于竞争，还要做到在面试时仪表端庄、举止得体，给人留下良好的第一印象。锻炼出较好的口才，交流时口齿伶俐、表述清晰；合理利用有关规则等。

5. 学习运用心理调节的方法进行自我调适

自我心理调适，就是自己根据自身发展及环境的需要对自己的心理进行控制调节，从而最大限度地发挥人的潜力，维持心理平衡，消除心理障碍。心理学家通过理论探讨和实践检验，创立了许多行之有效的自我心理调适的方法。大学生在择业就业过程中，可根据自己的心态有选择地加以使用，以下简要介绍几种常见的方法。

（1）自我静思法。冷静与理智是一个人成熟的重要标志之一。自我静思法也称自我反省法。遇到困难和挫折时要冷静对待，控制心境，切莫冲动和急躁；摆脱干扰，仔细分析遇到挫折是自身原因，还是其他原因？是自己主观不够努力，还是用人单位条件太苛刻？冷静思考，有利于稳定情绪，找出原因，有针对性地解决问题。

（2）自我转化法。有些时候，不良情绪是不易控制的。这时，可以采取迂回的办法，把自己的情感和精力转移到其他活动中去。如一门心思学习、参加感兴趣的体育活动、利用假日郊游、接受大自然的熏陶等等。使自己没有时间沉浸在不良情绪中，以求得心理平衡，保护自己。

（3）自我适度宣泄法。情绪的宣泄，尤其是不良情绪的宣泄相当重要。从心理卫生的角度来讲，过分压抑自己的情绪只会使情绪困扰加重，不利于心身健康，适度的宣泄可以把不愉快的情绪释放出来，从而使紧张情绪得到放松、缓和。切忌把不良情绪埋藏于心底。忧虑隐藏得越久，自身受到的伤害就越大。情绪宣泄的方法有很多种，譬如倾诉、哭泣、剧烈的活动等。但是，情绪的宣泄要有节制，要注意方式方法和时间、场合、身份、气氛，不能影响别人，不能伤害自己，宣泄应是无破坏性的。

（4）自我安慰法。择业中，在遇到挫折时，适当地进行自我安慰，可以缓解内心的矛盾冲突，消除焦虑、抑郁、烦恼和失望的情绪，有助于保持心理的安宁和稳定。如一次面试失败时，用“胜败乃兵家常事”“失败乃成功之母”来安慰自己，从而从懊丧、焦虑中解脱出来；在因挫折而陷入情绪困扰时，可用“亡羊补牢，犹未为晚”“塞翁失马，焉知非福”来做自我安慰，以解脱烦恼、自我激励、总结经验、吸取教训。

（5）理性情绪法。理性情绪法也称正确归因法，人有理性与非理性两种信念，这些信念指引下的认知方式会左右人的情绪。人的不良情绪的产生根源来自人的非理性观念，反之亦然。要消除人的不良情绪，就要设法将人的非理性观念转化为理性观念。例如，有的学生择业中受了挫折便消沉苦闷或怨天尤人，其原因在于他原本认为“大学生就业应当是顺利的”“我的择业应该很理想”“我过去事事顺利，这次也不应例外”等等。正是这些观念作怪，才导致或加剧了他的不良情绪。如果将这些想法加以纠正，不良情绪一定能得到克服。大学生在运用理性情绪法时，应首先分析自己有哪些消极情绪，从中分析、综合、抽象、概括出相应的非理性观念，并对其进行挑战、质疑和论辩，同时对比两种观念状态下个人的内心感受，鼓励自己向理性观念转化，从而有助于排除不良情绪。

自我调适的方法还有很多，如自我重塑法、环境调节法、自我暗示法、幽默疗法等。这些都是应变的一些方法，但最主要的还是树立远大的理想，树立正确的人生观、价值观，大学生平时就应注意培养良好的品质，磨炼坚强的意志，开放各种感官接触社会，多方面体验生活，培养乐观豁达的生活态度。只有这样，才能在择业的重要关头，始终保持积极向上的精神状态和健康的心理，不至于在困难面前退缩。在维护和促进心理健康时，大学生除了增强“自身免疫力”，提高自我调适、解决心理障碍的能力外，还要积极向社会寻求帮助和参加心理咨询活动，尤其是接受心理咨询人员的帮助。人的心理出现矛盾，特别是出现较大的心理负担和压力之后，内心冲突激烈，自我调节难以奏效。很难转变心理认知时，外来力量的帮助就显得非常重要。这时，涉世未深的大学生就应该及时主动地寻求外来的帮助，从近几年兴起的心理咨询热潮看，专门针对大学生集体和个体进行的心理咨询不失为一种最佳途径。

## 第二节　大学生就业信息的收集及使用

人类社会正在进入信息社会。“信息”一词对于我们来说并不陌生，我们几乎每天都能听到、看到、接触到各种各样的信息。在哲学、自然科学和社会科学等各个领域，信息都是最基本的概念之一。信息作为当今世界推动社会生产力发展的新的动力，正日益受到人们的重视，信息同能源、材料一起被看作是人类生产与生活必不可少的三大资源。人们的衣食住行离不开信息，社会交流沟通离不开信息，国家民族的强大更是离不开信息。就大学生就业来讲，不仅是学生与学生间实力的竞争，而且在相当程度上，就业的成败是信息的竞争，谁先掌握了信息，谁掌握的信息较多，谁能合理使用信息，谁就能立于不败之地。

对于高校毕业生就业来讲，自身实力是基础，国家政策是规范，占有信息是成功就业的载体，这个载体是连接毕业生（供方）与用人单位（需方）的中介。随着社会市场化程度的提高，专业分工的精细，信息在就业中的价值将越来越显现出来。

### 一、就业信息的基本范畴

所谓就业信息就是指择业者事先不知道，然而经过加工整理，能被择业者所接收并对其选择所从事的职业或职位有价值的消息、资料和情报。尽管人们对信息的定义还在进行不懈的探索，但人们对信息本质特性的认识逐渐趋于一致。就业信息基本特性的揭示，使我们能够对就业信息概念做出全面的了解。

### （一）就业信息的基本特性

就业信息具有以下一些基本特性。

1. 社会性

就业信息的社会性表现在就业信息联系着人们的活动，并且它与很多部门及个人相关联。就业信息的社会性似乎很抽象，其实非常地具体，因为与个人就业相关的信息必然存在于个人所能认知的社会关系中，要求我们利用一切可以利用的社会关系来获取就业信息，这是由就业信息的社会性特征所决定的。

2. 时效性

就业信息的效用是有一定期限的，过了期限，效用就会减少，甚至丧失。比如某企业近日欲招聘两名技术员，当日有人去应聘并被录用，那么“某企业需两名技术员”的信息在次日就失去了使用价值。可见信息具有鲜明的时间效用。信息只能在得到并及时利用的情况下，才会有理想的使用价值。

3. 变动性

就业信息受国家政治、宏观经济形势的影响很大，一些符合国家产业政策的行业将得到大力发展，不在国家产业政策支持范围内的行业发展相对缓慢，与国家产业政策相背离，存在环境、生态危害性的行业将逐步被淘汰出局。国家产业政策的支持，意味着巨额资金的投入与生产规模的扩大，新厂不断建立，对劳动力的需求也会增加。所以就业信息总是随国家政策支持的力度而变化的。同时，高等教育人才培养是周期性的，一般本科教育的周期为 4 年，你入学时选择的是热门专业，就业需求量很大，并不意味着毕业时同样能有当初的就业需求量。反之，也是这样。例如，前些年金融、会计、财贸人才紧缺，就业需求很大，而这几年人才相对饱和，用人需求量下降，获得职位的机会相对较少。反之，如食品、纺织人才供给量较少，而需求量增加，就业机会相对会增加，就业信息总是随着人才的供需矛盾而波动的。

4. 传递性

没有传递就没有信息，更没有信息的效用。这说明，就业信息总处在一定的流动过程中，必须善于在流动过程中获取有关信息。一般来说，学校、学院（系）就业指导机构获得用人信息后，应及时公布给学生，使学生从中获得最新资料。

5. 寄载性

就业信息总是通过一定的载体（媒介）来进行传递，如网络、报纸、电话、传真等硬件，还有反映用人单位信息的资料介绍、招聘要求等。

6. 共享性

就业信息可同时为众多的使用者所共用。目前，大多数著名的或有一定规模的企业，在互联网上或通过电话、传真向全社会和开设某一专业的各高校，同时发布就业信息。这就要求就业信息享用者一旦获得了某种信息后必须快速做出决断，向招聘单位表明自己的观点。因为就业信息的共享性意味着你择业的竞争对手并不局限于你周围的同学，还有全国其他高校同一专业的许多学生，在择业中往往捷足者可先得到更多的机会。

7. 效用性

就业信息的效用性就是它的价值性。如果高校毕业生根据就业信息找到了自己合适的工作岗位，既满足了个人生存发展的需要，也使企业用到了合适的人才，取得了社会效益，这是就业信息的正效应。当然，如果就业信息不准确或对就业信息认识不深，也会给个人和社会带来负效应。

8. 可积累性

就业信息具有可积累性，因而它有收集和整理的价值。就业信息虽然有过时的过程，但就业信息积累得越多，对就业的形势、特点认识就越清楚。这对大学毕业生在择业理想与现实的冲突中，适时调整自己的期望值，做出明智的就业抉择显得极为重要。

9. 相对价值性

就业信息的价值并不是绝对的，从严格意义上讲，任何就业信息的价值都是相对的。关键在于需要就业的个体对信息的理解、认识和利用。同样一个信息，对一部分人来讲非常有价值，对另一部分人来讲就会变得毫无价值。

10. 可伪性

就业中发布的信息并不是每一条都是百分之百的正确，有的是由于过程中的失误，产生“传递伪信息”。也有的是某些公司出于某种目的，故意采用捏造、欺骗、夸大、假冒等手段制造“人为伪信息”，伪信息带来信息污染，具有极大的危害性。例如，有的公司无意招人，仅仅是为了宣传企业发布招聘信息，误导别人；有的公司打着招人的幌子，召集学生一个个谈话，实际上是刺探技术情报。

### （二）就业信息的发展

就业信息是人类社会信息的一个组成部分，随着社会信息的发展而发展，不过直接决定就业信息发展的还是经济形势和人才市场的需求。随着市场经济的不断深入，人才市场的不断扩大，就业情况越来越复杂，就业信息的内容也越来越丰富，就业信息的收集、整理与传递也越来越便捷。

中华人民共和国成立后，我国很长一段时间实行的是“统包统分”的高校毕业生就业分配制度。在这种由国家统一下达就业指标，学校、个人无条件地服从国家安排的情形下，人才的供应与需求关系比较简单，人才市场尚未形成，就业信息的内容仅限于企业的名称和所需人才的数量，传递就业信息的工具多半是文字、语言。随着经济和社会的发展，这种大学生毕业后由国家以指令性计划分配到全民所有制单位当干部的分配制度，已失去了存在的价值。随着人事制度、劳动制度的改革和人才市场的建立，就业信息内容日益丰富、多样，传递的工具和渠道除了语言和文字，图表、广播、计算机、网络等都成了信息传递工具。从就业信息内容来看，除了一般用人单位的需求信息外，与就业市场相关的政治、经济、政策、法规等都可以成为就业信息内容，在这种情形下，离开了就业信息，学生择业几乎是寸步难行。

### （三）就业信息的内容

就业信息的内容非常广泛，在此简单归纳为以下几个方面。

1. 政府就业决策信息

如果大学毕业生能了解、遵循、利用政府的政策所提供的条件，那么就能使自己顺利就业；反之，政策不明或与之违背，将妨碍个人的顺利就业。因此必须收集和研究国家和各级地方政府的政策与规定。

2. 有关就业的法律法规信息

法律法规既是赋予组织和个人进行各项活动的权利，又是组织和个人同一切侵犯自己合法权益的行为做斗争的有效手段。如果依法办事，不仅可以取得合法效益，还可以捍卫自己的正当权利，减少不必要的损失。由于我国人才市场机制尚不完善，因此出现了不少违纪犯规现象，大学毕业生必须清楚地了解有关就业法规、法令，学会用法律来保护自己。目前已出台和执行的有《中华人民共和国劳动法》《中华人民共和国反不正当竞争法》《中华人民共和国劳动合同法》等。

3. 有关社会职业方面的信息

现代社会存在许多职业的划分，理论界也没有统一的认识，其中具有代表性的观点是：第一，从行业上划分，可分为第一、第二和第三产业。第二，从所有制上划分，可分为全民所有制、集体所有制、劳动者个体所有制、私营所有制以及中外合资、合作经营和外资独营。第三，从各级各类学校的专业来分，可分为高等学校专业、中等学校专业和职业技术学校专业。第四，从工作特点上划分，可分为实务、社会服务、文教、科研、艺术及创造、计算及数学、自然界、户外、管理、一般服务性职业等十多种类型的职业。第五，按横向分类，可分为各类专业技术职业、国家机关、党群组织、企事业单位、商业工作、服务性工作、农林牧渔劳动、工业生产和运输等，以及不便分类的其他劳动。

4. 有关用人单位信息

高校毕业生选择单位时，往往会出现这样一些错误：对用人单位情况不甚了解，又没有一定的对比，于是在择业时带有很大的随意性和盲目性。如只挑选大城市而不问用人单位的性质、业务范围；盯着有“关系”的单位，企图靠“关系”得到提拔和重用；还有的只图单位名称好听就盲目拍板等等。那么如何才能避免一些假象，做到对用人单位有个客观的评价呢？关键取决于掌握用人单位的信息。

掌握用人单位的信息，不仅指在招聘广告和职业信息中选择最适合自己的求职机会，还应包括在初步确定了自己想应聘的职业或岗位后，对该招聘单位及应聘岗位工作要求有所了解。对招聘信息多掌握一点，求职的选择机会就多一点，对招聘单位多了解一点，求职的成功希望则会多一点，掌握和了解用人单位的信息量越大，判断准确率越高，反之，则越低。

对于用人单位的信息，可以从该单位的介绍资料中获得，也可以到当地的工商管理部门或企业的主管单位那里了解。当然，如果能认识一些已在该单位就职的人员，从他们那里能获得更多更有价值的信息。亲自到企业去社会实践、生产实习与参观考察将会对企业有更多的感性认识，以便做出适合自己的职业抉择。

有关用人单位资料的调查提纲：

（1）企业必须得到工商部门认可；

（2）企业没有濒临倒闭的风险；

（3）企业的规模、占地面积、固定资产总额、职工人数、人均收入等；

（4）主导产品、产品的市场占有率、生产总量与销售总额；

（5）企业领导人的学历与人品；

（6）企业内是否有适合自己兴趣的工作岗位；

（7）晋升的机会；

（8）现企业职工对企业的评价；

（9）企业效益是呈增长趋势，还是下降趋势；

（10）企业的社会知名度；

（11）企业的福利、工资、津贴、住房、医疗保险、养老保险、生活设施等；

（12）工作的劳动强度；

（13）工作环境，包括设备条件、安全保护、污染等。

## 二、就业信息的获取

收集就业信息是高校毕业生求职择业前的一项重要任务，就业信息越广泛，择业的视野就越宽阔，就业信息质量越高，择业的把握性就越大。而高质量的就业信息存在于广泛的信息之中，因此，必须利用各种渠道、各种手段，广泛地、全面地收集与择业有关的各种信息，为就业做好充分的准备。

### （一）就业信息收集的原则

1. 准确性、真实性原则

准确性要求信息所反映的情况必须真实、可信。就业信息准确与否直接影响到择业人员择业的成功与否。信息不准，会给择业工作带来决策上的失误。例如，某著名食品跨国公司给学校传真来一份招聘信息，需求招食品科学与工程专业本科生 10 人，学校这一专业中共有 10 人应聘，其中有几名同学自认为较为优秀，已无竞争压力，大事已定，只等签约，所以向公司提供个人资料时草率应付。其实该公司同时向国内 10 所高校发布了招聘信息，结果自认为较为优秀的同学连复试的机会都未获得，第一轮就惨遭淘汰。

2. 适用性、针对性原则

随着人才市场的发展，就业信息铺天盖地，如果在信息收集中不注重适用性，那么就可能在众多的就业信息中把握不住方向。这就要求毕业生在收集就业信息时，必须对自己有一个客观评估，然后根据自己的专业、特长、能力、性格、健康状况等各方面因素去收集适用自己的信息，避免浪费不必要的人力、物力与时间，贻误就业时机。例如，某非上海籍生源的同学，毕业前应聘了上海市许多企业，其中有多家企业愿意与他签约，他选择了一家签约。在报批上海市教委时，因他不符合进沪条件，未获批准。他不得不与签约企业解除了合约，另找工作。但之前他对上海以外各省的就业信息几乎未收集，一时难以找到合适的工作，后悔莫及。

3. 系统性、连续性原则

就业信息的收集要求具有系统性、连续性。因为许多就业信息是零碎的，这就要求大学生善于将各种相关的信息积累起来，然后经过加工提炼形成一种能客观、系统地反映当前产业政策、人才需求动向的就业信息，从而为自己今后的事业发展奠定良好的基础。例如，某同学是应届食品专业的本科毕业生，他放弃了在市区某国有银行工作的机会，而选择了某粮油工业公司工作，许多人不理解，而他自有他的思考，他分析道：目前从各种形势来看，金融行业人才趋于饱和，自己又不是科班出身，也许目前收入较高，但对长远发展并不利。中国加入 WTO 后，农副产品深加工是国家重点支持的产业，同时利用国外廉价的资源——大豆进行深加工，发展空间巨大，投身于这一事业，必将大有作为。

4. 计划性、条理性原则

作为信息收集者，首先，必须制订信息收集计划，明确信息收集目的，只有明确了目的，就业信息收集才有方向，才能发挥信息收集的主动性。其次，明确自己所需的就业信息的内容范畴，是有关就业政策的、就业动向的，还是用人单位需求信息的，要做到有的放矢，才能事半功倍。

### （二）就业信息收集的方法

1. 广泛与重点相结合

当今社会科学技术迅猛发展，边缘学科、交叉学科不断出现，知识的渗透性更加明显。社会行业也由过去的专项性向综合性发展。所以在收集信息时不要仅仅局限于专业对口单位，对非对口单位的需求信息也要注意收集。但是在广泛收集的基础上，要确保重点，要全面了解专业对口单位的需求，因为这样的单位对相应人才的需求量大。

2. 纵向与横向相结合

市场经济的发展，要求地域之间加快人、财、物的流动和流通，取长补短，相互促进，形成合理完善的人才机制。所以在收集人才信息时，一方面，要把本省、地（市）的人才需求收集起来。另一方面，要注意收集不同省份的人才需求信息。

3. 动态与静态相结合

社会各行业对人才的需求具有相对的连续性和稳定性，需要我们及时准确地获取当年的需求信息（静态）；另外，各行业又是在竞争中求生存，随着经济的发展、市场的调节而变化。因此，必须同时了解、掌握、预测社会各行业在一个时期内对各类人才需求的动态信息，增强就业指导的预见性和主动性。

4. 注重用人单位对毕业生招聘条件的信息收集

社会上对人才的需求，既有数量的限制，又有质量的要求。在收集就业信息时，尤其要注意各单位对毕业生的具体要求是什么。总的来看，社会上急需德才兼备的人才。大学生从政治素质、知识、实际工作能力到身体状况，都要适应时代的发展，这需要毕业生不仅要有远大的理想，还要有丰富的专业知识、较强的竞争意识、勇于开拓和脚踏实地的苦干精神。

### （三）就业信息收集的渠道

收集就业信息的方法是丰富多样的，社会活动、暑期实践、毕业实习、师兄师姐传授经验、就业指导课程、校园招聘会，甚至在紧张的面试时刻，都是收集信息的好机会。收集就业信息，关键要畅通信息渠道，并结合自己所学的专业和特长，有所侧重。目前毕业生收集信息一般通过以下几个渠道：

1. 学校的主管部门

高校的毕业生就业指导部门，包括学校就业指导中心和各院、系是负责学生工作的有关部门。学校的毕业生就业指导部门专门从事毕业生就业工作，与用人单位建立了长期友好的合作关系，在长期的工作交往中与各部委和省市的毕业生就业主管部门及用人单位有着广泛而密切的联系，是用人单位向学校寄送需求情况的信息集中地。学校毕业生就业指导部门是获取用人单位信息的主渠道，他们提供的信息数量大，针对性、准确性、可靠性都较强，是毕业生获取求职信息的主要渠道。

2. 各级政府主管部门和就业指导机构

为了适应毕业生就业制度改革的需要，县级以上各级政府多数都成立了毕业生就业指导机构，这些机构的主要职责就是制订辖区的毕业生就业政策，交流毕业生和用人单位的供求信息，为毕业生提供各种咨询和服务。他们每年都要通过各种形式为毕业生提供各种可靠的就业信息。

3. 毕业生供需见面会和人才招聘会

毕业生供需见面会和人才招聘会是由高校和当地毕业生就业主管部门组织的，让毕业生与用人单位直接见面、洽谈的一种择业活动方式。毕业生将直接面对招聘单位，通过彼此的交流可以获得更为丰富和全面的信息，而且可以当场签订协议，比较简捷有效，可以大大提高毕业生应聘的成功率，用人单位也可以挑选到自己满意的毕业生，因而受到毕业生和用人单位双方的欢迎。人才招聘会主要是社会各级人才市场举办的与大学毕业生有关的招聘会，人才市场在确定的时间向用人单位提供场地，让他们进场招聘所需要的毕业生，组织者向用人单位收取摊位费，向毕业生收取门票费。这类招聘会往往以赢利为日的，注重广告宣传，规模较大，但参加单位成分较复杂，有时难免鱼目混珠。此外，还有一些实力雄厚的用人单位自己组织的人才招聘会。这类招聘会一般对应聘者要求严格，多重筛选。因此，竞争激烈，淘汰率高。不过，它也是毕业生向用人单位展现自己风采，实现自己人生抱负的好机会。

4. 社会关系

通过社会关系网获得信息，也是一个重要的渠道。当毕业生在寻找就业信息的时候千万不要忘记了你周围的亲戚、老师、朋友以及朋友的朋友，也许他们会给你提供一些信息。每个人都生活在特定的社会关系网中，都不可避免地与人进行接触，双方在相互作用的过程中不断交换着各种信息，就业信息反映的是人与人之间的供求关系，无论通过什么渠道或载体，它归根到底是通过人来交换的。但是由于人与人之间的关系不同，所以彼此之间信息传递的内容、方式、频率等也不一样。一般而言，信息总是在关系较密切的人际圈子里流动、传递。大学生因为长期生活在校园环境中，接触面较窄，人际关系不广，就业信息的来源渠道也就比较有限。所以，毕业生要善于利用各种社会关系，拓宽信息的来源，让更多的人帮助自己收集就业信息。

（1）主要的社会关系

1）家长和亲友。对于尚未步入社会的大学生而言，家长和亲友是他们社会关系网的主要构成。而家长和亲友也都非常关心自己家庭亲友的就业问题，而且他们来自社会的各个行业、各个阶层，与社会有多种联系，可以从不同渠道带来各种用人单位的需求信息。家长亲友一般比较了解毕业生本人的求职意向，提供的信息也就比较直接、有效、可靠。毕业生一旦接受家长亲友提供的信息，由此进入就业岗位的可能性也比较大。有的大学生把利用亲友关系看作“走后门”，是一种不正之风，这种认识是片面的。因为，家长亲友提供的只是就业信息，能否将这些就业机会变为就业现实，还是取决于毕业生自己的能力和素质。在激烈的市场竞争中，相信绝大多数用人单位是遵循“唯才录用”的用人准则的，以不正当的“后门”关系“唯亲是用”，最终害的是录用单位和毕业生个人。所以，利用正当途径充分挖掘亲友这层社会关系，获得更多的就业信息和应聘机会，以提高求职成功率，是我们所提倡的。

2）学校的老师。学校的老师尤其是专业教师比一般人更了解本专业毕业生适合就业的方向和范围。在与校外用人单位合作开发科研项目或从事兼职教学、培训的活动中，也自然能够了解到这些用人单位的经营状况、工作环境和人力需求等，同时，他们一般对本专业的发展状况以及近几年毕业生就业的流向比较清楚。因此，学校教师、导师提供的信息针对性强，更能满足学生对专业发展的要求，乐于被学生所接受。因此，毕业生不仅要从老师那里多获取有关信息，而且可以直接找他们作为自己的推荐人或引荐人，有老师的推荐往往会大幅度提高求职的成功率。

3）校友。那些已经毕业，参加了工作的“师兄”“师姐”，大都在对口的单位工作，对所在单位、行业情况比较了解。通过他们，毕业生可以探听到一些具体、准确的就业信息。校友提供的就业信息的最大特点是反映本校毕业生就业情况，尤其是本专业的毕业生在人才市场上的供求状况及其在具体行业中的实际工作、发展状况。近几年毕业的校友更有着对职业信息的获取、比较、选择、处理的经验和竞争择业的亲身体会，这比一般纯粹的职业信息更有参考、利用价值。

此外，以前的中学同学、大学同学以及其他求职者，也往往能带来很有价值的就业信息。

（2）利用社会关系获取就业信息的方法

为了尽可能多地从自己的社会关系中获取有用的就业信息，毕业生不妨采取如下做法：首先，找一张白纸，在上面列出自己所认识的人的名单，包括亲戚、老师、校友、同学、邻居、朋友等，从中挑选出可能为自己现阶段求职提供帮助的人。然后，设法找到这些人的通信地址以及电话、E-mail 等各种联系方式，通过打电话、写信、拜访等形式进行联系，介绍你的近况和求助的信息，这里也要注意一些方法：

1）“套近”关系。提一提你们最近在一起的美好回忆，或者提到某个你们都认识、最近都谈过话的人。

2）对你的求职方向、你考虑的公司，征求对方意见，询问对方能否看你的个人简历以及简历是否写得合适。不要特地去问“我到你们那做事好吗？”等之类的话，要把自己的情况如实告诉对方。

3）要重视对方给你提供的信息。如果对方带着信息找你，你应说：“真是太好了，真是难得的机会！”即使你已经知道这个信息。因为对方看到自己的意见受到重视和赞赏，有可能会向你带来更多的信息。

4）每当你得到对方推荐，一定要问清楚你去该被推荐单位联系时，是否可以提到推荐人的名字作为引见。回答大多是肯定的，但是问一问显示你有行家气质，并会激励对方带来更多的信息。

5）如果你确实得到帮助，就要道谢。如果得到口头帮助，要书面道谢。感谢信中也可以附一份个人简历（如果以前没有给过的话）。不管你联系的人是否帮助过你，你得到工作以后一定要让他们知道。

5. 社会实践

走出校门，融入社会，锻炼与体验人生是大学生自我教育的有效形式之一。同时，也是大学生收集就业信息，推销自我的机会。目前，按照学校的要求，几乎每一个在校学生都有利用寒暑假期进行社会实践的任务。大学生应充分利用业余时间在校外兼职，到各单位挂职锻炼，利用为公司宣传、推销产品的机会，了解单位对大学毕业生的需求情况，同时了解其现有的职位、职业竞争机会和其内部管理情况，以便于日后的择业竞争。在社会实践的过程中，通过自己的努力赢得用人单位的好感、信任，取得职业信息甚至直接谋得职业的大学生不乏其人。因此，大学生在各种社会实践活动中，在了解社会，提高思想觉悟，培养社会能力的同时，也要做一个收集就业信息的有心人。比如，在社会考察活动中，应有意识地注意一些关于行业发展趋势，人才需求状况，具体单位、岗位用人的要求、途径等与大学生就业有关的问题；在社会服务活动中，应注意观察、思考，努力去发现自己原来没有想到的、潜在的职业或岗位，一旦有所发现，应及时追踪求索，捷足方能先登；在勤工助学、挂职锻炼等直接在用人单位进行的社会实践中，更应多看、多问，要“淡化”自己的学生身份、“打工”角色，以主人翁的姿态了解和关心该单位的事业发展，了解和关心自身和周围岗位在职人员的工作状况，尤其在与自己的职业意向相合的单位或岗位实践时，要充分展现自己的才华和能力。

6. 毕业实习

毕业实习是大学生踏入社会的前奏曲，是参加工作的预演，所以每个人必须充分重视这一难得的经历。通过实习，一方面使用人单位对你有所认识、了解，另一方面使学生对社会工作有更感性的认识。如果你向单位证明你是一个有价值的职员，在实习过程中体现出你的才华、能力与敬业精神，将为你加盟该公司奠定良好的基础。通过实习阶段你也许会获得通向永久性职业大门的钥匙，所以要充分重视“毕业实习”这一教学环节，尽力建立最好、最有意义的实习关系。

7. 有关新闻媒体

当前，毕业生就业已成为社会热点问题，受到各新闻媒介的普遍关注。每年在大学生毕业择业之际，广播、电视、报纸、杂志上都会有大量关于大学生就业的信息，包括就业政策、行业现状、职业前景、人才需求等方面的报道和分析。目前，许多用人单位通过新闻媒体发布招聘信息，这类信息经常公布在报纸杂志上，注意定期收集，并查询有关资料。这些信息从不同侧面和角度反映了当年大学生就业的整体情况，受到招聘机构和求职者的共同青睐。

近年来，随着国家和社会对大学毕业生就业工作的重视，有关大学生就业的专业媒体不断增加。比如，由国家教育部主管，全国高校学生信息咨询与就业指导中心、高等教育出版社主办的《中国大学生就业》，各地的《就业指导报》《人才市场报》《劳动信息报》等等；电台、电视台也都开设专门的栏目，成为毕业生收集就业信息的一种可靠途径。新闻媒介不仅传播速度快，而且涉及面广，信息传播也很及时，是毕业生不可忽视的一条重要的就业信息收集渠道。

8. 其他途径

一般来说，电话簿的分类目录包含了一个地区的几乎所有企业的名单，特别可以从“黄页”电话簿中找到有关企业的名字和地址。通过参加各级各类“博览会”“产品展销会”等了解企业情况，收集就业信息，如广交会、中国春季服装发布会、国际食品添加剂展销会、中国高新技术成果展、中国机械产品博览会等等。通过某一新产品形态来收集相关专业的企业及联络方式，例如，到超市去通过陈列的产品了解各行各业的企业名称和联系方式，等等。利用电脑网络收集毕业生就业信息，越来越得到社会各界的重视，也是收集就业信息的最有效途径之一，以下将单独做介绍。

### （四）利用互联网收集就业信息

网络，作为开放式的信息平台，正以日新月异的速度发展，并使人们生活的各领域发生了突飞猛进的变化。网上求职正以其开放、全面、快捷的特点逐步形成规模。用人单位和毕业生将招聘信息与求职信息上网公开，用人单位和毕业生可以通过网络互相选择、直接交流。网上求职，最大的优势在于即使毕业生身在异地也能获得大量招聘信息及就业机会。它跨越时空界限，突破了人才信息与招聘信息难以沟通的种种限制，打破了单向选择的人才交流传统格局。我国各地纷纷建立人才市场信息网，实现网上就业信息查询，网上招聘。如何能更全面、更快捷地获取求职信息，在严峻的就业形势中抢占先机，如愿以偿，这就需要学会利用网络进行就业信息的搜索。

1. 互联网收集信息易犯的错误

大学毕业生在网上收集信息时，通常容易犯以下几个错误：

（1）漫无边际地四处收集。许多毕业生事先不知道哪些求职网站比较权威，也不清楚自己到底要找什么，便漫无边际地在网站上四处收集就业信息。只要看见是与自己专业有点关系的或自己感兴趣的信息就下载，不管信息渠道是否可靠，信息是否真实有效，结果把自己搞得毫无头绪，摸不着方向。浪费了时间和精力不说，最令人担忧的是被一些颇具诱惑力的虚假信息所蒙骗。近年来，毕业生由于轻信网上信息，导致钱财被骗，求职落空的事例不少。

（2）把所有的希望都寄托在网络上。网络能为毕业生提供大量的求职信息，其“无所不包，无所不有”的内容令广大毕业生着迷，导致了部分毕业生对网络的过分崇拜和依赖，而忽视了其他更权威、更有效的信息渠道。利用网络求职，本为了提高获取信息的效率，但一头扎进网上信息的“汪洋大海”出不来，实际上恰恰降低了自己的求职效率。

2. 互联网收集信息的注意事项

（1）选择适合自己情况的、正规的、权威的网站。目前，人才招聘类专业网站不下数百个，但相当一部分招聘网站是“滥竽充数”，有效信息少得可怜，所谓的“最新招聘”常常是一个月前的信息。所以，首先要找到那些信息量大、更新速度快的权威性人才招聘网站。现在，教育、人事部门所属的人才机构和高校就业指导机构纷纷建立了自己的网站，为毕业生提供了大量的就业信息，这些正规网站发布的信息比较可靠，值得毕业生留意。

（2）及时下载重要信息。在求职招聘的高峰期，招聘网站上的内容特别多，岗位、条件罗列一大堆。为防遗漏，又节省时间，最好是把网页上的内容先分门别类地下载之后，及时整理、处理信息，把网上有用的求职信息及其来源网站记录在笔记本上，方便自己查阅。

（3）仔细分辨，谨防受骗。参加网上招聘活动，一定要提高警惕，认真辨析。与其他信息载体比较而言，网络招聘信息的可信度存在很大局限。一是“偷工减料”。一些人才网站，特别是小型网站，招聘信息是从大网站上转载过来的。虽然信息内容是真实的，但这些网站在下载、处理、制作等过程中，却充当了“筛子”的作用：或只有用人单位提供的招聘职位中的一部分，或删掉了用人单位的情况介绍，或将招聘单位的地址、电话、E-mail 等漏掉……二是信息滞后。网络信息本来是以速度为优势的，但是一些网站只有二手信息，为了充数便不顾信息的时效，把过时的信息也拿来“更新”。三是毕业生特别要提防的虚假信息。有的是网站被不良之徒利用，有的是网站本身别有所图，故意制造信息“陷阱”，骗人骗财。而这类信息往往又在单位类型、名称、用人条件、待遇等方面特别具有诱惑力。为此，大学毕业生求职时一定要认识到虚拟世界与现实世界的差异，首先要把握就业信息的特征，学会分析辨别信息的可信度和有效度；其次，要对网上信息进行网下求证，一般应先致电招聘单位确认其真实性，再发送求职简历；最后，要树立网上安全意识，把张贴个人简历的范围限制在那些应征职位有密码保护，限制公开私人资料的网站。同时，毕业生应多参加由政府有关部门和学校组织、推荐的正规网上招聘活动。

3. 求职网站的种类

（1）专业求职网站。这类网站上可查询到成百上千的招聘信息，一般来说网站可根据求职者对地域、信息发布时间、行业、职位、薪金等的具体要求提供查询服务。同时，这类网站往往以专业的人才服务为背景。求职者可以在线填写简历，这些简历将存入网站的数据库中，需要招聘的公司可以查询到符合要求的求职者信息。

（2）公司的网站。目前，许多公司越来越重视建设公司的网站主页。大多数公司的网站除了介绍企业文化与产品外，还随时发布公司的招聘信息。

（3）门户网站的求职频道。如搜狐求职频道，它最大的好处是容纳了好几家一流的专业招聘网站的信息，比如招聘网、中华英才网、无忧工作网。同时，频道内还提供了很多人才政策、新闻以及就业辅导等大量信息。

## 三、就业信息的处理

善于利用各种渠道获取用人单位信息，善于归纳整理，这是求职活动的基本功。由于信息的来源和获取的方式不同，内容必然虚实兼有，互有矛盾，在广泛收集信息的基础上，结合自己的实际情况，国家有关的政策、法规对信息进行一番去伪存真、去粗取精，有目的、有针对性地进行排列、整理和分析，这是非常必要的。只有当信息具有准确性、全面性和有效性后，才能更好地为自己的就业决策服务。

### （一）就业信息处理的过程

1. 鉴别获取的信息

信息既蕴藏着机会，也可能潜伏着陷阱；有时无比珍贵，有时却是一堆“垃圾”。鉴别获取的信息是信息处理的第一步，也是一个重要的前提。由于所获取的信息不一定都全面、准确，因此要对信息进行严格的鉴别和判断，并加以澄清和剔除，使之更好地为自己的求职择业服务。鉴别信息，首先，要确定信息的可靠程度，对于不可靠和令心里不踏实的信息要通过各种信息渠道和知情人士去打听；其次，要鉴别信息的内容是否齐全，特别是发现自己所想知道的细节没有或者不清楚时，要抓紧时间进行一番实际考察或通过其他渠道了解，还可以在应聘时向招聘人提出。总之，要等信息基本准确之后再做决定，这步工作做好了，才能保证随后的工作按照正确的方向进行下去；相反，这步工作判断错误，则会让毕业生的求职过程一开始就处于被动，很可能对自己的心理和行为带来许多负面影响。

2. 按照自我标准，将信息排序，重点把握

在信息加工之前，先给自己草拟一个职业选择提纲，确定择业标准，再按照标准对信息进行分析和处理。因为，即使是真实的信息，也不是每条都适合毕业生的实际情况，毕业生要对所掌握的信息进行比较和选择，看看自己的性格、兴趣、特长与哪个单位更匹配，哪个单位更符合自己的职业生涯规划目标，从中选出重点单位。对重点单位的内

部信息要进行深入细致的分析，分析它需要的人才的特点，它对人才使用的方向，以及该单位未来发展的前景，等等。在掌握这些情况以后，毕业生再根据自己的实际情况和用人单位的要求，有针对性地设计自己的应聘材料，从而提高应聘的成功率。

3. 善于挖掘潜在信息

许多信息的价值往往不是浮在表面上的，必须经过深入挖掘才能发现。比如，根据有些单位的现状，可能还难以判断、预测单位和自己今后的发展；有些单位虽然目前条件差一些，但从长远看或许是有前途的，能够给人才较大的发展空间。这就要求毕业生既要站在高处，从长远的、大局的方向看职业、单位的发展趋势，又要留意信息的细枝末节，由表及里地挖掘信息的内涵价值。有时，还需要有一些专业知识和经验。譬如，从单位的组织结构发现其管理模式和运作机制，从单位的人事、财务报表分析它的人力资源状况和经济状况，从单位历年的招聘岗位和人数的变化了解它的经营方向变化，甚至从单位招聘的过程和方式，如笔试的内容、面试的问题、联系的方式等方面都可看出其是否与自己的预期判断相一致。

4. 及时反馈信息

在当今变化万千、节奏加快的时代，就业信息由于其传播速度快、共享程度高，毕业生得到的信息仅仅代表着一种可能的机会，而且充满着竞争。因此，毕业生获取信息后，一定要尽快分析处理并向信息发布者反馈信息，早动手未必一定能得到这个岗位，但反应迟钝者几乎肯定就会失去这个岗位。信息有很强的时效性，及时用之是财富，过期不用是垃圾，人人都会被条件较好的岗位所吸引，而录用指标是有限的，所以犹豫不决会使你痛失良机。

### （二）就业信息处理的技巧

毕业生在了解就业信息的处理原则和处理过程之后，还应掌握一些处理就业信息的技巧，从纷繁复杂的信息中找到适合自己的有效信息，掌握一些信息处理方面的技巧，可以少走一些弯路，为顺利就业打下良好的基础。

1. 就业信息处理的参考模式

整个求职的过程实际上就是一个不断地分析和处理信息的过程，经过不断处理，收集的信息由多到少，最后往往只能选择一个。选择的同时也意味着放弃，何去何从就在一念之间，或考虑现实，或坚持自己的价值取舍，对许多毕业生来说，这是一个艰难的过程。择业是迈向社会的第一步，虽不能说决定终身，但毕竟良好的开端是成功的一半。

2. 就业信息处理的技巧

（1）建立个人就业信息管理库。因为毕业生就业信息多处于随机状态，时断时续，时多时少，收集到的信息也是五花八门、各式各样，毕业生如不进行有效的信息管理，收集到的信息就会如一团乱麻，让人晕头转向，给自己造成许多的麻烦，以致顾此失彼，错过许多机会。一些毕业生不想做信息处理的工作，总认为时间太紧张，就业信息抄下来及时行动就行了，还有一些毕业生则是不会做信息处理，平时懒散惯了，做事情本来就缺少条理性，在处理就业信息时就更杂乱无章。

整理就业信息要准备一本专用笔记本，根据自己的实际情况与择业理想有针对性地分类整理。具体整理的分类可以包括就业政策信息、单位分布区域、企业品牌知名度等。就业政策信息整理可以分为国家就业政策信息与各地方政府就业政策信息两类。国家就业政策信息较为稳定，对其主要内容要记录下来，如有调整应及时添加。各地方政府就业政策是各不相同的，每年都有适度的“从宽”或“从紧”的调整，在初步确定求职地域后，应关心一下当地的人事政策，对于户口迁移、养老保险、应届大中专毕业生准入条件等相关内容，对比整理，以便于记忆。单位分布区域整理一般可以分为沿海单位与内地单位。可以把沿海地区的单位细分为：中心城市、中小城市等。同时，目标单位分布在市区、郊区、开发区的又可以分类整理。企业品牌知名度分类整理在调查研究的基础上，对企业的知名度、资产规模、产品的市场占有率、发展潜力等进行综合排序，适度归类整理。

其实，建立一个简单的个人就业信息管理库非常必要，也很容易。当然，如果毕业生个人计算机操作能力和数理统计分析能力比较强,可以对若干重要指标设立权重系数。比如，单位地理位置的权重，经济状况、福利待遇、单位发展前景的权重，等等。再利用数理统计公式得出一个用人单位的综合评价。这样就能较客观地对一个信息进行量化处理，从而避免在比较条件相似的用人单位时，出现左右摇摆、拿不定主意的情况。

（2）寻求个人就业信息咨询“智囊团”。大学毕业生由于缺乏社会经验，在对就业信息进行分析和处理时难免主观幼稚，有失偏颇。因此，大学毕业生在处理信息时也要“民主决策”，最好是有一个自己的就业信息咨询“智囊团”。当然，这并不是要毕业生正儿八经地去请一些人来担任自己的就业参谋，而是要求毕业生在处理收集到的就业信息，特别是对一些自己没有把握、不能作出判断的信息进行抉择时，要有意识地主动去请教一些能提供帮助的人。比如，就业指导老师、辅导员、家长、已参加工作的师兄、老乡，等等。“兼听则明，偏信则暗”，心高气傲、涉世未深的大学生在就业时应多方听取有工作经验的过来人的意见，特别是在辨别信息的真假、鉴别单位的优劣、选择适合自己将来发展的单位等问题上，他们将会提供非常有益的指导。

（3）对虚假信息进行“反侦察”。虚假信息令人深恶痛绝，但又防不胜防。如何有效地识别和预防这些虚假信息呢？除前面已经讲到的方法外，还有一招就是“以其人之道，还治其人之身”。也就是毕业生在面对一条自己很感兴趣，但又感到无法确定、害怕上当的信息时，不妨给对方发一条关于自己的虚假信息，故意贬低自己，把自己塑造成一个毫无长处的平庸之辈。这样的信息发出去之后，用人单位如果还对你热情有加，那十有八九属于“别有用心”之类，应当坚决地将它排除在视野之外。

# 第三节 大学生就业自荐材料的编写

"人要衣装，佛要金装"，自荐材料对一个大学毕业生来说，其重要性是不言而喻的。确切地说，只要获得了面试的机会，那么你的自荐材料就算是成功的。

## 一、自荐材料的概述

自荐材料是大学毕业生用来和单位取得联系，介绍自己基本情况、全方位展现自己风采的各种说明性和证明性的材料，它的形式可以是书面文字。随着网络技术的发展及招聘的高效快捷，现在很多的应聘者将自荐材料制作成电子版与招聘公司通过网络联系。自荐材料在择业过程中有着举足轻重的作用，笔试、面试、录用都离不开它，其质量的好坏直接影响着就业。自荐材料一般包括：履历表、求职信、学校推荐材料、在校学习成绩、获奖证书及外语、计算机等级证书和其他材料。

### （一）个人履历

要获得求职成功，首先应认真、正确、完整地写好自己的履历表。一份合格的履历表首先应内容完整、条理清晰，不拖泥带水。其次应尽可能地突出个人的优势强项，在有限的内容里，给招聘单位传达最需要的人才能力信息，满足其对人才的需求，为自己打下初步的认识与评估基础。

1. 个人履历的主要内容

（1）个人基本情况。个人基本情况是指姓名、年龄、性别、出生地（籍贯）、最高学历、政治面貌等。当然，并非任何情况都需要在简历中描述，比如没有必要将你的婚姻状况、是否有孩子、宗教信仰、种族、身高、体重、健康状况等写进简历。如果与工作没有直接关系的话，也无须将政治或职业上的关系写进简历。如果你在简历中写上了爱好或其他一些业余活动，建议删去那些可能被认为有危险性的活动。

（2）教育程度。按照履历表的次序，写清所读学校名称、专业、学习年限及相关证明等，让招聘单位迅速了解个人学历背景，以判断与招聘岗位的关联性。

（3）工作或社团经验。大学生一般都没有正式的工作经验，但常利用假期等空闲时间勤工俭学、兼职或积极参加各类性质的社团活动的同学，在简历中可充分提供在校期间的打工经验、社团经验，说明自己担任的职务、组织的活动以及特长等，供招聘单位参考。这些经验可能是短期的，但或多或少突出了个人的一些志趣、合群性、组织能力、协调能力、领导能力、成熟度等特性，所以备受招聘单位的重视。但是很多学生在个人履历中列举自己在学校期间所有的校园实践内容，完全不顾是否与招聘岗位中的职位需求一致，这样反而会画蛇添足，失去工作机会。

（4）个人特长。无论是与你所学专业有关的特长或是单纯从个人兴趣发展出来的特长，只要是与工作有关的才艺，都应在履历表上列出。这将有助于招聘单位评估应聘者的特长与应聘工作的要求是否相符，是否能给工作的顺利开展带来推动作用。对于个人特长，应清楚地列出，注意实事求是，不要夸大其词，但也不要过于谦虚。

（5）语言能力。在现代经济发展中，招聘单位向国际化迈进已成为不可阻挡的世界性发展趋势。作为一种必不可少的工作手段，外语能力也因此显得日益重要。尤其在某些大规模跨国公司，精通外语的人才很受欢迎。然而，如果你单纯认为凭借个人过硬的外语才能就可以力挫对手、平步青云，那就大错特错了。相比之下，招聘单位的高层更看重工作人员的敬业精神与严谨踏实的工作态度。毕竟，外语能力只是一种必要技能，而你对工作的热忱与诚心才是最吸引招聘单位的要素。

（6）求职意向。求职履历上一定要注明应聘的职位，以便于招聘单位了解你的志向追求，从而做出正确的选择。每份履历都要根据你所申请的职位来设计，突出你在这方面的优点，不能把自己说成是一个全才，任何职位都适合。要根据工作性质侧重地表现自己，如果你认为一家单位有两个职位都适合你，可以向该单位同时投两份履历。

（7）联系方式与备注。同上面所要突出的内容一样，一定要清楚地写明怎样才能找到你，如写明长途电话区号、电话号码、手机号码、E-mail 地址、邮政编码、传真号码等。可以将宿舍、家庭、学校老师办公室等的固定电话一并列出。提供给招聘单位的联系电话、E-mail 等不要频繁地更换，在招聘单位需要和你取得联系的关键时刻，如果无法迅速找到你，用人单位也许会感到遗憾，但最遗憾的恐怕是你自己。

2. 个人履历的写作标准

一份好的履历应该遵循以下写作标准。

（1）突出重点。写履历一定要采用倒叙的方法，从最近的时间写起。把与申请职位有关的工作经历进行主要描述，适当时可以采用着重的方式凸显重要信息。如果履历的陈述没有工作和职位重点，或是把自己描写成一个适合于所有职位的求职者，你将无法在求职竞争中胜出。在履历中，应重点陈述你性格上的最大优势，然后将这些优势结合你的工作经历和业绩加以叙述，以争取更大的成功机会。从实际情况来看，招聘者对理想的应聘者也有要求，比如相应的教育背景、工作经历以及技术水平，这些硬件都是应聘者取得新职位的关键所在。

（2）简洁明了。一份好的履历不仅要有主题突出的经历，而且具有特色的形式和格式是吸引用人单位的关键之一。可以使用各种字体格式，如斜体、加粗、下划线、首字突出、首行缩进等方式，有重点有节奏地表达思想。有些求职者以为另类的履历会让人耳目一新，所以往往追求新奇的特色。除非你寻求的职位有些别样，否则履历最好还是简洁为主，不要过于花哨。个人履历通常很简短，一般情况下不要超过一页纸，写得越多，并不代表你越优秀。招聘单位会收到很多份履历，工作人员不可能仔细研读每份履历，所以用词要简练。履历内容不可能描述你的全部，内容过多反而会淹没一些有价值的闪光点。履历过长的一个重要原因是有的学生把中学经历都写了上去，这完全没有必要，除非你在中学时代有特殊成就。

（3）真实客观。求职履历一定要按照实际情况填写，任何虚假的内容都不要写。即使有的人通过虚假的履历得到了面试的机会，面试时也会露出马脚。尤其是那些竞争非常激烈的招聘单位都会有许多轮面试，弄虚作假是过不了一轮轮的面试关的。履历不要做假并不等于把自己的一切，包括弱项都要写进去，不写自己的弱项并不代表说假话。有的学生在求职履历上写道："我刚刚走入社会，没有工作经验，愿意从事贵公司任何基层工作。"这也是过分谦虚的表现，会让招聘单位认为你什么职位都适合，其实也就是什么职位都不适合。

（4）整洁清晰。个人履历的段落与段落、语句与语句之间如果写得太密，会影响美观，不易阅读。要将该空格的地方留出空隙，不要硬把两页纸的内容压缩到一页纸上。外地户口的大学毕业生，可以不在简历上注明户口所在地。这并不是欺骗用人单位，只是没有必要将你的劣势毫无保留地表现出来。

（5）准确无误。如果一份履历数据错误或错字连篇，可以想象会带来什么样的后果。在履历中，不要过多地罗列数据，连篇的数据往往让招聘单位忽略你的存在。另外，履历一定要认真写，招聘单位的人一看见履历上有错别字就会认为应聘者素质不够高。因此，语言（比如英语）文字表达不规范、语句过长、格式不标准是写履历的大忌。撰写时要打草稿、反复修改、斟酌，在确定没有任何错误后，再打印出来。如果你的履历写得不好，会让用人单位认为一个连自己的求职履历都不用心的人，那工作也不会用心。

（6）求真务实。很多求职者在履历中表现个人能力时，爱用团结同事、能给公司带来如何如何的效益等空话、虚话。因为你在用这些语句的时候，其他的求职者也在用这些语句，丝毫显示不出这是你特有的能力。刚毕业的学生在履历中罗列所学课程时，只把主要的功课列出来即可，不要无主次地将几十门功课全部写出来。用人单位看重的是你的专业性，而不会关心你的基础课得了多少分。

### （二）求职信

求职信是一种自我推荐的信件，它通过表述求职意向和对自身能力的概述，引起对方的重视和兴趣，是求职者向招聘单位提交的一种信函。它不同于履历，因为履历强调一种客观的格式化和程序化的事实陈列，而求职信则可以是个性化和略带感性化的个人陈述。求职信能不能给用人单位留下深刻印象，引起他们的注意甚至重视，在一定程度上决定了毕业生的前途和命运。总的来说，通过求职信谋职的成功率是很低的。国外有人统计，成功率大概不到5%，就我国目前的情况来看，成功率也不会高于这个数值。但是，有的人却“百发百中”，他们的奥妙就在于做到了使自己的求职信让对方“一见钟情”，甚至由此达到“非他不娶”的效果。

1. 招聘单位的择人准则

招聘单位一般喜欢下列类型的求职者：思想政治素质高、有事业心和责任感、具有艰苦奋斗的精神、基础扎实、知识面广、有团队精神、有奉献精神和创新精神。

而如下类型的求职者不受招聘单位的欢迎：成绩“优”而无其他专长的求职者、以自我为中心的求职者、大学时代学无所成的求职者、缺乏魅力的求职者、头脑简单的求职者、不善交际的求职者、身体状况欠佳的求职者、自我主张太强的求职者、志愿动机模棱两可的求职者。

2. 求职信的格式和内容

求职信的格式与一般书信大致相同，即由称呼、引言、正文、结尾、附件、结束语等组成。

开头要写明招聘单位人事主管部门领导，如“某单位负责同志：你好！”，求职信的称呼往往比一般书信的称呼正规一些，在实际书写时要区别对待。如果明确了用人单位的负责人，可以写出负责人的职务职称，如“尊敬的李教授”“尊敬的赵处长”“尊敬的刘总经理”，等等。

引言的作用一是吸引对方的注意力，二是便于自然而然地进入正题而不感到突兀。这部分的内容包括说明写信的原因和目的等。引言的形式有以下几种：①自我描述式开头：用一句话概括你最具优势的求职资格和工作能力，并简要说明这些资格和能力能够最好地满足求职岗位的需要。②提名式开头：提及一个推荐你前去且为用人单位所熟知和尊敬的人的名字，但千万不要给人盛气凌人的感觉。③应征式开头：说明你是在什么地方看到了目标单位的招聘广告，并肯定自己能够满足招聘广告中提出的各项要求。比如“据悉贵公司正开始拓展海外业务，招聘新人，且昨日又在××晚报上读到贵公司的招聘广告，故冒昧写信，前来应聘高级会计师一职”。很多用人单位对你通过什么途径了解到他们的招聘信息很感兴趣，这有利于他们掌握今后如何发布企业信息。④有针对性的开头：针对求职单位目前的需要提出你的设想，然后表明你真诚地希望成为他们当中的一员，同舟共济、荣辱与共。⑤赞扬式开头：赞扬目标单位近期取得的显著成就和发生的重要变化，表明你渴望成为其中的一分子。比如，“久闻贵公司声誉卓著，发展迅速，且产品深受欢迎，据悉贵公司正积极开拓新的业务领域，故冒昧写信，热切期望早日加盟贵公司，我的基本情况是……”。⑥个性化的开头：从你的兴趣、爱好和已有的实际工作经验谈起（这些兴趣爱好必须是与今后岗位密切相关的），谈今后如有可能将在该用人单位如何努力工作。自我介绍一定要突出自己适合做这项工作的特长和个性，不落俗套，千万不能写“风马牛不相及”的东西，比如你本想应聘公关工作，却描述自己“文静秀气、喜欢阅读”等与公关工作无关的内容。⑦独创性开头：如果你有足够的想象力和独创性，并且保证这种独创不至于引起用人单位的误解和反感，那么你完全可以用一个新奇的，能够表现你这方面才华的句子来做开头，打破常规、展现自我。

正文是求职信的主体部分，是求职信的重点。正文部分要简洁而有针对性地概述简历的内容，突出自己的特点，要从自己的专业知识、社会经验、专业技术、性格、特长、能力等方面向用人单位表明，他们需要的正是你这样的人，你有能力胜任这个岗位。正文一般要求说明求职信息的来源、应聘岗位、本人基本情况、工作成绩等内容。

以上几个方面的描述要注意以下问题：①任何一个方面的介绍都要始终围绕应聘岗位的需要；②你的知识结构、实践经验是否适应招聘岗位的要求（也就是你为求职的岗位做了哪些知识上、经验上的准备等）；③你在学业上和工作中取得了哪些重要成就，从而证明你所声称的资格和能力；④以实例证明你学习敏捷、工作勤奋、责任心强、乐观随和的天性；⑤不要光谈自己如何适应工作岗位的要求，应该提一下招聘单位的情况，表明已对其有所了解，并愿意去为之效劳；⑥要以成熟而务实的语气叙述，切勿夸大其词，自吹自擂；⑦关于薪金待遇的问题，不要在求职信当中涉及具体的数额，这些都可以留到面谈时再具体讨论商议；⑧求职应聘的简短理由，主要是表明自己对求职应聘单位的兴趣与要求。

结尾主要包括结束语、署名、日期、附件等。求职信的结尾应当写好结束语，表达出自己渴望用人单位给予面谈机会或表示面谈的愿望，内容要简明，语气要热情、诚恳，言语要有礼貌。如可以写“希望得到您的回音”“盼复”等，或留下本人的联系电话。通常在结束语后面还应写一些简短的表示敬意、祝愿之类的祝词，如“此致”“敬礼”“祝您身体健康、工作顺利、事业发展”“深表谢意”，等等。

署名部分应注意与求职信开头的“称呼”相一致，应写在结尾祝词的下一行的右后方。日期一般应写在署名右下方，最好用阿拉伯数字写，并写上年月日。

附件是指那些与求职信同时寄出的有效证件等，如个人简历、学历证明、外语等级证书和计算机等级证书以及各类获奖证书的复印件、近期照片等。最好有附件目录，这样既方便招聘单位的审核，同时也给对方留下一个“有条不紊、很负责任、办事周到”的好印象。

另外，处理求职信还应注意的事项：①信封、信纸要有所选择，署有其他单位名称的信封最好不要使用。②字迹清晰工整，给人留下良好的第一印象。如果字写得不好，可用打印稿；如果能写一手漂亮的字，最好手写，以展示自己的书法才艺。③篇幅要适中，不宜过长，文字以 1000 字左右较为合适。④写求职信是个人的公关手段，可以写得较有文采，但应实事求是，既不能过高地吹嘘自己，也不能过分自谦。⑤要留下自己的联系方式：通信地址、联系电话，等等。

### （三）其他材料

除了自荐信和个人履历之外，为了加深招聘单位对自己的印象，有时要提供进一步的其他材料。

1. 学校提供的鉴定材料和成绩单

鉴定意见主要反映在毕业生推荐表中，有学校的评语、能否毕业推荐、培养类别及就业范围等。从学校的角度出发，评语的作用主要是：一是对社会和用人单位负责，以及考虑学校自身的影响，它能实事求是地反映毕业生的综合表现；二是考虑到有利于毕业生就业，找到一份较满意的工作，评语中据实表现的描述会突出学生的个性特点等。这点对用人单位和毕业生本人都具有一定的价值。

成绩单必须有学校教务部门的盖章才具有权威性，毕业生可根据用人单位的需要或求职的职位对某些相关课程的要求，提供有效的成绩单。有些省、市对成绩证明有具体的要求。另外，如有辅修第二专业的学习成绩证书，需要时请不要忘记提供。

2. 技能证书

技能证书反映了求职者的某一方面的能力水平，主要有外语等级和计算机等级证书。另外，现在不少学生还有驾驶证、律师资格证，等等。

3. 荣誉证书

荣誉证书分为各类奖学金证书、荣誉称号证书以及参加重大竞赛的获奖证书等。有些人荣誉证书较多，可以挑选一些荣誉等级较高的。

4. 学校及学科专业介绍

目前，很多高校因合并而更名，不少高校有特色、有影响的专业学科，由于种种原因，招聘单位不一定十分了解，这时很有必要附上自己学校和学科专业介绍等相关资料。

5. 具有权威性的个人推荐材料

推荐信也是大学生求职过程中一个不可忽视的环节。这里所指的推荐信并不是那种找关系、托人情的“走后门”的“条子”，而是权威人士实事求是、认真负责的推荐。有许多大公司、企事业单位是比较重视这种推荐信的，而写推荐信的权威人士也十分珍惜自己的声望，真正的学者、教授，或者某一领域的权威不会滥用别人对自己的信任做不负责任的推荐。

6. 其他招聘单位需要的材料

其他招聘单位有的要身份证，有的要特别政审证明。

以上材料的使用，要根据各招聘单位的不同情况有针对性地取舍。如果面见招聘者或亲自上门去推荐自己，材料可以准备得充分一些，凡能反映自己各方面能力的材料尽可能携带齐全，而且最好带原件。若采取寄送自荐材料的方式，则应选择最有代表性的其他材料，一般先提供复印件，便于邮寄，以免丢失。

## 二、自荐材料的个性化设计

### （一）自荐材料个性化设计的特点

求职过程其实就是双向选择的过程，双向选择就是一种竞争，在竞争中关键是看你的实力。因此，过分谦虚会给对方单位留下一个虚假的印象，还以为你真的不行。

从美国总统的竞选我们可以看出现代竞争的含义。在美国第52届总统竞选中，时任总统的布什，因海湾战争声望大振，随后苏联解体，冷战结束，布什以为他连任总统是稳操胜券的。而另一位竞选对手克林顿是一位年轻且没有竞选总统经验的小州州长，布什以为获胜会相当轻松。但是，事情的发展出乎布什的预料。克林顿紧紧抓住选民对美国经济状况不满的心理，高举“变革”的旗帜，提出了一套以增加就业投资为重点的经济方案，赢得了民心。由于克林顿棋高一着，终于取得了大选的胜利。当然这只是政治竞争的一个典型例证。

求职者推销自己与推销商品一样，在自荐材料中，就是要从“名”“特”“优”上做文章，塑造你的形象。自荐材料个性化设计的特征表现：人无我有，人有我优，人优我特。

1. 人无我有

大学毕业生不要害怕自己成绩不够优秀而会影响求职，现在的招聘单位大多是以能力取人而不是以分数取人的。只要自己有与众不同之处，这就是你的特长，如果你能在自荐材料中将它巧妙地表现出来，同样备受用人单位的青睐。

2. 人有我优

人有我优就是要注意突出重点，所谓突出重点就是要突出那些能引起招聘单位兴趣，有助于获得工作的内容，主要包括专业知识、工作经验、特长和个性特点等。

在介绍专业知识和学历时，重点是要突出自己的工作经验和能力。工作经验是招聘单位最注重的部分，尽管大学毕业生资历浅，工作经验还不够，但并不能因此气馁。无论社会实践、勤工俭学、打工兼职，还是担任班级或院、系、团学生干部，都可算广义的“工作经验”。写清楚你曾担任怎样的职务，强调获得了哪些成果，至关重要。

3. 人优我特

几乎所有的招聘单位都希望录用性情良好的人，特别是喜欢充满热情和活力的大学生。因此，在自荐材料中要反映出你的热情与活力。可以用具体的事例直接表明自己是一个充满活力的人，如克服困难的意志、助人为乐的品格、努力积累工作经验的经历等。表现个性要适度，点到为止，不要过分渲染，更不能表现出消极被动的工作态度。个性品格描述尤其要强调自己的潜力和热情。

### （二）如何编写个性化的自荐材料

1. 准确定位自荐材料

求职中，一份好的自荐材料能发挥很大的作用。

（1）自荐材料是书面形式的推销员。求职的本质与商业行为无异，一方求售，一方求购。招聘单位是买主，挑精拣肥寻觅好货是它的发展之道，是它的本质；人才是商品，充实了内涵，做好了包装，待价而沽；自荐材料无异于推销员，将人才引到招聘单位跟前，使出浑身解数说服招聘单位接纳。

（2）自荐材料是虚拟的求职者。自荐材料以书面形式，充分传达了一个人的学历、经历、专长、嗜好及其他信息。甚至可以根据书写的格式、排列逻辑、语言词汇，解读出撰写者的气质与内涵。自荐材料可以起到未见其人，胜见其人的功效。

（3）自荐材料是明察秋毫的检验官。自荐材料完整且浓缩地记录了个人资料，是求职者成长过程与学习生活的精彩缩影，必须忠实呈现求职者的背景细节、经验技术，以及优势弱点。借着撰写自荐材料的这个过程，求职者还可以重新经历自己的过去，从中审视求学过程中的收获和遗漏。在求职面试等诸多环节中，默记手中拥有哪些筹码、应该补充哪些"能量"，"手中有粮，心中不慌"，面对求职，你便能够气定神闲、游刃有余。

2. 精心设计个人主页

为了让招聘单位全面了解你的情况，最好的办法是建立个人网站主页。一个制作精美的网站主页往往能体现求职者具备相当高的计算机综合处理能力，包括文字处理能力、图像处理能力及信息综合处理能力。用人单位根据主页制作情况，便可对其电脑水平做出初步的评判，这比口头回答要真实、准确、直观得多。个人主页对求职者个人来说是如虎添翼，招聘单位可以随时随地访问，十分便捷。可能的话，还可以将专业介绍、学校概况、个人详细履历、家庭环境等内容全部放入个人主页，让用人单位对自己有一个更为全面、深入的了解。

3. 给外企一份地道的简历

海外名企无疑是许多求职者的首选。那么针对这些外企，我们的简历是否会有一些特别的禁忌呢？以下提供的技巧及建议将使你避免失误，增加求职的机会。

（1）英语国家：遵循严格的形式。在英语国家（美国、英国、澳大利亚等），人们喜欢干脆利落、开门见山、简单明了，因此你可以在履历开头就明确写出求职目标，并写上一些精确的信息、具体的时间以及体现你某方面能力的权威性说明或你为原来所在工作部门赢得的利润额等。

我国大学生特别喜欢附上各种各样的证书以证明自己的能力，这一点在美国是可以被接受的，但所附证书一定要与你所申请的工作有关。在求职美国公司时，不要忘记在履历上尽可能详细地写明你的工作经验，所有可显示出你的能力及实际经验的信息都将在美国公司的招聘中为你增加砝码。

最后，最好在履历末尾写上自己将会在某一时间打电话以确定是否可能得到面试机会。同时，在面试过后，千万不要忘记写信给面试人，对其接待表示感谢。他们对应聘人的做事方式及求职方式非常看重，对他们来讲，这些都能显示出你的工作能力。

（2）欧洲国家：慎谈年龄。在欧洲国家，人们非常看重年龄，因为某些职业是有年龄限制的。因此，在欧洲国家的企业面试中，你对年龄和经验的描述应当谨慎。另外，在有些欧洲国家会有一些特别的习惯，例如 90% 的法国、意大利及德国招聘单位内部流行笔迹测试，若你的求职信不是手写的，某些公司甚至会拒绝阅读。

把履历寄给外国公司，履历应当容易理解，且在文化上应被招聘单位所接受。一定要在履历中用你的经历向招聘单位证明，你会很容易融入这家公司。比如你感兴趣的是 IBM 的某个职位，一定要让人感觉到你的稳重、严谨和协作精神；若你感兴趣的是微软的某一个职位，不妨张扬一下你的个性。

如果要上网发履历，最好把履历表做成 PDF 格式，这样一般不会出现乱码和错误。可以使用一些网上流行的交流符号，最好先脱机校对一遍你对面试问题的答复，然后发给招聘单位是再好不过了。和普通信件一样，履历中出现语法或拼写错误都会大大不利，且应注意文字的“语气”，应当像面对公司面试人员一样，显得稳健、有礼貌。

邮寄信件时也应注意小节，认真填写对方要求在信封上说明的应聘职位或编号，以最大限度地方便用人单位。避免用标有公司名称的信纸、信封回函或邮资已付的打印笺，这种侵占公司利益的形象在西方是尤为禁忌的。

4. 英文求职信——打入外资公司的敲门砖

应聘外资单位，往往要写英文求职信。可是写英文书信与写中文书信是有区别的，以下几点在英文求职信中要注意：①英文求职信的格式和标点符号；②英文往往一词多义，要准确运用，语言要正式；③无论手写或打印的信，在打印的姓名上面，必须用笔亲自签名，以表示郑重；④如要邮寄，注意信封的写法。

5. 多媒体简历

庞武是 ×× 大学电子专业的一名学生，今年他参加应聘时递给招聘公司的，不同于其他同学一沓厚厚的文字材料，仅仅是一张光盘，里面有他精心制作的简历、求职信，鼠标轻轻一点就自动翻到下一页，阅读起来非常方便。此外还包含了自己平时的一些专业设计，甚至还有 flash 动画，动画中一个活泼的小男孩眨着大眼睛，变换着手中的内容向观看者介绍自己的学习、实习经历等。而在个人网页部分，则包括了自己喜欢的部分书籍、音乐等。他说，这样的简历容量非常大，形式也比较生动活泼，容易吸引招聘单位的注意，并认真查看，成功率较高，尽管是“新花样”，但这样一张光盘成本并不高，庞武说，如果只算花费，不会超过 10 元。

多媒体简历这种求职形式是这一两年才流行起来的，许多电子、计算机专业的学生都逐渐采取了这种求职方式，有不少学生就是凭借这种方式被招聘单位记住并接受的。作为一种时兴的利用网络求职的方式，多媒体简历可以将每个学生的气质、性格、自信心、语言能力、外语水平等进行很好的展现，这样每个学生的优势和不足就会一览无余，招聘者可以较快找到最适合的毕业生，毕业生也就有机会快速找到最适合的职位。多媒体简历的出现被很多大学毕业生称为新的求职“敲门砖”，将越来越被大学毕业生所青睐。但是，多媒体简历虽然声画并茂，具有直观、材料生动等优点，却有一个缺点即声画转瞬即逝，因此想取代传统的纸质简历还很难。两种简历要取长补短，最好的方式还是应该将二者结合在一起，这样就最大限度地满足了招聘方的需求。

# 第四节　大学生就业面试的内容及技巧

## 一、面试的种类和内容

### （一）面试的种类

目前常见的面试种类可以分为如下几种：

1. 压力式面试

由主考官有意识地对求职者施加压力，就某一问题或某一事件做一连串的发问，详细具体且追根问底，甚至故意刺激应试者，以观察应试者在突如其来的压力下能否做出恰当的反应，观察其心理承受程度和思维的敏捷、机智程度以及应变能力。主考官会反对你的观点，或阻挠你得出结论，提一些刁钻古怪的问题，然后看你是否能镇静地坚持己见，还是因惊慌而放弃自己的观点，或胡乱回答这些问题。

2. 能力式面试

能力式面试由主试人通过多种方式综合考察应试者多方面的才能，通常采取以下几种方式：①任意写一段话。主试人不加任何限制，任意让应试者写一段话。这样做的目的是考察应试者的字写得是否工整，同时也考察了临场发挥能力。②分析一段文章。为了考察应试者的口头表达能力和分析判断能力，主试人让其分析文章，现场考察应试者的分析、归纳、综合演讲能力如何。③现场操作。为了了解应试者的实际机器操作水平，比如招聘 IT 人才，主试人往往请应试者当场用计算机进行一些演示或文档处理，有时甚至进行软件设计，现场考察应试者的计算机操作能力。

3. 情景式面试

情景式面试是指由主考官事先设定一个情景，在这个情景中预设几个问题，让求职者进入角色模拟完成，通过完成的效果来考察应聘者在分析问题、解决问题以及应变等方面的综合能力，这项面试不仅要求应聘者有丰富的专业知识，而且要具备良好的综合素质。其形式既可以是由主试人对应试者提出一个问题或一项计划，请应试者完成解答，其目的是观察应试者在特殊情况下的表现，判断其解决问题的能力；也可以是由主试人围绕选拔人才的要求预先准备好若干题目，当应试者进入正常面试状态时，逐一提问，其目的是获得应试者全面、真实的信息，考察应试者的知识面、能力、谈吐和行为、仪表风度等；还可以是主试人引出与面试内容关系不大的话题与应试者海阔天空地交谈，让应试者自由发表看法，尽量使应试者情绪放松，自我调节到正常状况之下，再进入主题提问。

4. 考察交流式面试

一些用人单位为了扩大对外宣传，免费邀请应试者实地考察。在实地考察期间，用人单位热情地做好接待服务工作，频繁地与应试者双向交流，考察毕业生的内在素质和综合能力。有些用人单位将企业的发展蓝图展示在高校毕业生面前，考察应试者对新事物的接受能力。还有些企业将工作中的疑难问题提出来，请高校毕业生献计献策。总而言之，实地考察时将应试者放到现实情况中加以考察，用人单位和应试者彼此双方的情况都了解得更详细、具体、全面。

以上几种类型在实际面试过程中，主试人可能只采取其中一种进行面试，也可能同时采用几种进行面试。有时面试按照事先设计好的步骤进展到三分之二，主试人会突然转向漫无边际，或紧迫式的面谈。这是招聘面试中的一种战术。

### （二）面试的内容

面试的内容比较广泛，用人单位从各个不同侧面了解应试者的业务水平、道德素质以及综合能力，这些内容都是选拔人才的基本内容。面试的内容并不是整齐划一、固定不变的，它往往从多个不同角度，根据用人单位的需要，加以不同内容的考察，而且即使考察也并不是完全模式化的或者事先安排的，这些内容很可能是随机的。根据面试的一般情况来看，面试的内容大体分为以下几个部分：

1. 个人的基本情况

个人的基本情况往往在个人履历中已经包含，但在面试时，用人单位往往还是会让毕业生重新加以复述并对其中的一些疑问或者细节问题，让毕业生予以解释、阐明。一方面，是为了更加直观地了解毕业生的个人情况；另一方面，是为了探明毕业生所提供的个人资料的真实性。对于广大毕业生而言，尤其棘手的是以前所掌握的知识或者获得的荣誉在面试时由于自己没有长期积累或者复习而使得个人能力与之不相称。譬如一些已经通过英语六级、专业八级，或者获得雅思、托福高分，尤其是口语高分的学生，往往在用人单位面前用口语进行自我介绍时吞吞吐吐讲不了几句，这是应试者必须引起高度重视的问题。

因此，毕业生在做自我介绍时切忌盲目夸大，要根据个人现在的客观情况，做出对自己中肯的评价。此外，表达的清晰性和逻辑性是应试者需要重视的地方。要使用人单位在较短的时间内了解你，对你产生兴趣，那么，自我介绍时就必须善于把握重点，力求简明扼要。

2. 应聘动机

在介绍完个人的基本情况后，用人单位几乎都要向应试者提出“为什么你要应聘这份工作？”“你为什么想加入本单位？”“你加入本单位的目的何在？”等种种类似问题。通过应试者的表述，用人单位能初步了解应试者来本单位工作的目的和动机，进而通过对前后语句的比照，能够充分考察毕业生的工作态度是否端正，工作计划是否长远，是否适合本单位培养，是否有培养前途，能否在本单位长期工作。为了考察应聘动机，用人单位有时会实事求是地反映本单位的问题，如福利待遇偏低、工作辛劳程度较高、工作责任较大等现状，以试探应聘者是否真心诚意来本单位工作。一些毕业生的应聘动机不端正，经受不住考验，听到这些情况就开始退却，一下子就被用人单位看穿，从而使得面试成功率大大降低。因此，毕业生必须在面试前做好充分的调查、准备，以平衡的心态面对用人单位提出的各种问题以及描述的各种情况。

3. 综合素质和能力

考察毕业生的综合素质和能力毋庸置疑是每个用人单位的重点所在，招聘具有极大的功利性，每个用人单位都希望能招聘到实用、踏实、刻苦并具有业务技能与素质优秀的人才。这些素质和能力并不是一朝一夕能培养出来的，这也是为什么很多用人单位习惯招聘具有工作经验的人的原因，具有工作经验的人一般情况下已经初步具有了这些素质和能力。综合素质面试内容主要分以下几个方面：①思想政治素质；②深厚的专业素质；③社交能力；④敬业精神和团队精神；⑤心理素质。

## 二、面试前的准备工作

求职面试这种考核形式改变了长期以来沿用的从档案看人，以一卷定终身的单向的、静态的传统考核方法，从而使得面试者与应聘者相互之间建立起一座沟通了解的无形桥梁，更使用人机构能够多维地、动态地、直接地考核，了解应聘者的资历、能力、志向、个性、事业心、责任感及职业目标等，然后做出是否录用的决定。求职者亦可通过面谈了解用人单位的情况，最后做出是否签约应聘的决策。因此求职面试对招聘、应聘的双方都意义重大。

### （一）了解招聘单位的相关情况

面试前首先应了解单位的有关情况，如性质、隶属关系、业务范围、发展状况、薪金制度等，切不可在面试一开始就向用人单位提出这样那样的问题，反客为主。这说明你对该单位毫无了解，很容易引起招聘者的反感。主考官提问的出发点，往往与招考单位有关，毕业生参加面试之前，要尽可能多地搜集资料，对用人单位的历史、现状、性质、规模、业务、产品、服务、企业文化、经营业绩、发展前景等要有所了解，掌握用人单位对人才的需求与使用情况等等。如果你对用人单位比较熟悉，说明你对这个用人单位重视，有好感，将来工作时会有较高的积极性，同时也说明对面试十分重视。若是对招聘单位一无所知，即使你其他条件都不错，也很难引起用人单位的兴趣。

那么怎么样才能详细了解用人单位的情况呢？我们可以借助大众传媒、报纸、杂志、广播电视等工具收集信息，积累资料；还可通过你的亲友、同窗或通过社交活动，从该单位的员工以及跟该单位有关系或者对其有所了解的人士那里获得相关情况。此外，还可以向人才交流中心了解情况。

其次，面试前应确定求职目标，分析可行性。

现在许多用人单位在面试录用时要求与求职者签订合同，即规定在几年内不得脱离该单位，不许“跳槽”。如果你想工作以后再考研究生，那么签订10年合同就延误了你的报考时机。所以，你的目标应根据你的具体情况而定，必须明确，不可含糊。还有你到该单位后是从事哪方面的工作，在面谈之前也要心中有数。另外，在面谈之前，你得分析一下目标是否可行。比如王某是一名定向研究生，毕业后想去一家外资企业工作，可行性就不太大。因为定向生原则上应该回到定向单位工作。又如李某本来是学哲学的，但他对电子计算机感兴趣，想去工作单位搞计算机软件的开发研究，可行性也不是很大。所以在进行可行性分析时，一般要考虑到各种限制。如果不可行，即使你与单位费了半天口舌，也很难达成协议。只有可行，才可以进一步去谈判。

### （二）面试前的基本情况准备

面试时，大学毕业生在口头自我介绍时，应当做好充分的准备。要准备简要的关于自我介绍的腹稿，勤加练习，做到口齿清晰，有条不紊。

自信地应对面试，首先要对自己有清楚的认识。列出几件自己认为可以称得上成功的事情，并逐一分析这些成就，但要注意语言的表达应简短、清楚、准确，不要漫无边际地瞎扯。

另外，介绍自己时，不能光讲优点，不讲缺点，有时把缺点说得恰到好处，会达到事半功倍的效果。例如，某毕业生在几位考官面前介绍自己时，他先介绍自己的缺点，然后介绍自己的优点，诚实务实，一下子得到面试考官的好感，立即让面试官产生了该生诚恳、谦虚、实事求是的印象。

### （三）面试前的心理和知识准备

面试时要注意招考单位提出的要求，携带必备的证件材料。考前还要注意休息和睡眠，以便有充沛的精力应试。除了一些事务性的准备工作之外，面试要着重做好以下几个方面的准备：

（1）锻炼交流协调能力。面试前，要将需要表达的内容进行重点和一般分类，按前后次序加以整理归纳，以此来提高面试效果。在面试前可以有针对性地加强语言表达能力的训练，逐渐养成与陌生人自如交谈的心态。

（2）要牢记报名表、履历表所填的内容。表上的内容，通常被主考官用作面试的资料。当主考官提问时，如果你的回答与表上所填内容不一致，会让人感觉随随便便，对面试不够重视，给主考官留下不好的印象。

（3）准备回答应试的动机，要把自己应聘的诚意及今后认真工作的愿望表达出来。如果应试者对这个问题含糊其辞、胡乱敷衍或回答错误，那么主考官就会怀疑面试者是否有诚意，或者将来能否认真工作等。这样被录取的希望就很小了。

（4）要至少能讲出三条以上自己的优点。为了更好地进行自我宣传，对自己有哪些优点要认真准备，反复斟酌，然后整理出 3 ~ 5 条既不虚夸又能充分表露自己的才能的优点，表达时既具体又不长篇大论，反复练习表达，直到能流利地表述为止。

（5）要熟悉时事政策。有的主考官问到时事政策方面的问题，是想通过提问考察你对国际、国内大事和一些重大政策是否关心，以及对这些问题的看法。这是测试综合能力的方式之一。你若经常看报、听广播，只需摘记有关要点。若没有看报的习惯，最好在面试前的一段时间天天看报，听听新闻联播，对《人民日报》社论、评论记其要点，再记一些重要新闻。

（6）要调整心态。只有展现自己的自信与保持良好健康的心理素质，才能在面试过程中应付自如。首先，面试需要求职者保持常态；其次，面试前，打有准备之仗是保证面试成功的基础，机遇总是留给有准备的人。要在专业知识、口头表达、性格表露、人际关系、团队合作、敬业精神、仪表着装等方面逐项做好充分准备。面试时以自己曾经做过的较为成功的事例来衬托和展示自己的才华，使主考官对你产生兴趣，并留下深刻印象，为面试的成功奠定基础。

### （四）面试前的仪容与服饰准备

日本松下电器公司董事长松下幸之助在日记里记述着一件往事：年轻的松下幸之助在一家著名的企业里任推销员。有一次，在理发店里，理发师毫不客气地批评他的邋遢：“你出去推销产品，代表的是公司的形象，你这样不注重仪表，客户会信任你吗？会买你的产品吗？”这件事给了他很大的震撼，他从此开始重视自己的仪表。

毕业生吴昊是某学院的硕士研究生，该生颇有才华，大学期间便有多幅作品在省市竞赛中获奖。小吴对自己的才华也自视很高，为了显示其艺术天才的风度，他平时不修边幅，还特意留起了长长的头发，并染成黄褐色，穿着破破烂烂的牛仔服。小吴把自己的求职目标定位在高校教师。临近毕业，他和其他同学一样，东奔西跑、四处求职，用人单位去了不少，许多用人单位对他的材料很感兴趣，他也参加了好几次面试，但都没有下文。他眼看周围的朋友一个个签订了协议书，自己也不禁着急起来，一天他来到就业指导中心进行咨询，张老师在看完他的自荐材料、了解他的求职意愿、问了一些面试的细节后，建议他剪掉长发，重新塑造形象，并让他留下求职材料，答应有机会会为他推荐就业单位。

小吴虽然口头上答应了，但内心不以为然，他心里想，用人单位要的是我的能力和才华，我留长发与他们何干？再说这头长发已留了几年，要一下子剪掉，还真有点舍不得。很快他就把老师的忠告抛到九霄云外。这一天，一大学来学校为新成立的绘画专业招聘教师，就业中心的张老师拿出了小吴的自荐材料，招聘方看了自荐材料，听完了推荐介绍后，觉得小吴很有才华，提出要进行面试。但当小吴来到面前时，几位前来面试的招聘领导流露出失望的表情。在小吴离开后，就业中心的张老师又给用人单位的领导进行了耐心的解释，并希望他们再给小吴一次面试的机会。然后又和小吴进行了认真的交谈，告诉了他用人单位的疑虑，并对他说："作为一名研究生，你有才华，但是在面试时给人的第一印象是非常重要的，尤其是教师职业对人的形象要求更高。你一个男生留一头褐色长发，很容易给用人单位留下不好的印象，甚至怀疑你的品行。"小吴这回不敢再怠慢了，回去后就理了发，并穿了一套整洁的西装去面试。

过了不久，小吴高兴地来到学校指导中心，告诉张老师说他已收到了这所大学签订的《就业协议书》，他十分感激张老师对他的帮助和提醒。

合适得体的衣着打扮对求职的毕业生来说不是件小事。穿着打扮，有意无意之间反映着一个人的修养、气质和风度，甚至折射出一个人的价值观和生活态度。在求职面试过程中，它往往影响着主考官对毕业生的第一印象。衣着不整、蓬头垢面，会被认为是邋遢窝囊；过于前卫的打扮，会使人感到不可信任。因此，面试前毕业生应注意自己的着装打扮。总的原则是：整洁、大方、朝气蓬勃的仪表，符合自己和用人单位职业要求的身份。

## 三、面试时的应答技巧

在面试时，大学毕业生回答提问时还应注意以下几点：

### （一）表达把握重点

应试者在确认提问内容以后，回答问题时，先将自己的中心意思表达清晰，然后做叙述和论证，这样可以让主试人产生一种条理清楚、有理有据、简洁明了的印象。如果在简短的时间内进行长篇大论，不仅会将主题冲淡或漏掉，还使主试人感到厌烦。如某高校毕业生面试时分析自己的优缺点，采取倒叙法，先分析自己的缺点，再谈自己的优点，简明扼要，这样立即给主试人留下谦虚坦诚、不回避缺点的印象。主试人本来就想了解应试者能否一分为二看待自己，此时应试者只要能抓住自己主要的优缺点，进行简单扼要的回答，就能提高面试成功的概率。

### （二）答题实事求是

面试遇到自己不知、不懂、不会的问题时，采取回避、闪烁其词、默不作声、牵强附会、不懂装懂的做法均不可取。知之为知之，不知为不知，诚恳坦率地承认自己的不足之处，反倒会赢得主试人的信任和好感。

### （三）凸现个人特色

主试人在多次的面试中，相同的问题肯定问过若干遍，类似的回答也听过无数回，因此，主试人难免会有乏味、枯燥之感。只有具有独特的个人见解和个人特色的问答，才能引起主试人的兴趣和注意，但不要自吹自擂，急于推销自己。面试时如果想要凸现自己的特长，一定要结合具体的例子来展现自己，这样才能给主试人加深印象，一味地讲套话就显得空洞平庸，最后只能给主试人留下平庸的印象。

### （四）面试应注意的其他要点

1. 面试的礼貌与仪态

应聘者以礼貌和良好的仪态给招聘者留下美好的印象，是面试成功的关键。注意礼貌和仪态主要有以下几点：

（1）面带微笑。微笑表示欣赏对方的盛情，表示领略，表示歉意，也表示赞同。微微一笑可以解除双方的心理戒备，创造良好的面谈气氛。

（2）谦和热情。谦和是对他人的敬重，是一种友好的表示，必然收到友好的回应。充满热情，必然给人以精力充沛、富有生机和自信的感觉，并给人以感染、以启迪的鼓舞。应聘面试切忌含糊其辞、吞吞吐吐，也忌信口开河，卖弄自己。

（3）无声语言的魅力。无声语言包括表情、目光、手势、体姿等。无声语言的良好运用，会使招聘者产生好感，留下深刻的印象，是应聘者成功的重要条件。

表情。表情是人心理状态的外在表现，是人的大脑皮层受到外界各种客观事物的刺激后在面部流露出一种情感体验，面试时应当充分运用丰富的表情来表达自己的思想感情。

目光。面试时的目光也很重要，游离的、善变的目光让主考官认为这个人不老实。也有的人在谈话过程中始终不敢抬头，眼睛不敢往上看；有的人目光过于向上，时时翻着白眼；有的人虽然目光位置没大毛病，但不敢与主考官对视，一有对视，马上躲闪，显得很不自信。正确的方法是：将目光集中在主考官眼睛与嘴巴之间的三角区域移动，这样会令主考官觉得毕业生对他的话十分重视。不时与对方对视交流，交流时目光应坚定、自信，显示出英气勃勃。

坐姿。面试时全身放松，不需要正襟危坐，以免肌肉紧张，不受控制。调整好呼吸，千万不要喘粗气。如有必要，可以改变自己的坐姿，用不着老是保持同一种姿势。在任何情况下，都应等候主考官的指示或到指定的座位坐下，尽量避免跷腿。大多数情况下，面试双方会隔着一桌而坐。但假如没有桌子，毕业生就应该与主考官保持 1 米左右的距离。若双方距离太近而令主考官感到自己的“区域”受到侵入，就有害而无益了。

2. 语言表达艺术

面试时，你的语言表达艺术彰显着你的成熟程度和综合素养。对应试者来说，掌握语言表达的技巧无疑是重要的。那么，面试中怎样恰当地运用谈话的技巧呢？交谈时，要注意发音准确，吐字清晰，语言流利，文雅大方。要注意控制说话的速度，避免磕磕碰碰，影响语言的流畅。为了增添语言的魅力，应注意修辞美妙，不能有不文明的语言出现。面试过程中，要控制讲话的速度。讲话速度过快往往容易出错，甚至张口结舌，进而导致思维混乱。讲话速度太慢，则给人一种缺乏激情、气氛沉闷的感觉。面试时，要注意语言、语调、语气的正确运用。语气是说话的口气，语调是指语音的高低轻重配置，要掌握语气平和，语调恰当的表达技巧。如打招呼问候时宜语调上扬，加重语气并带拖音，以引起对方的注意。自我介绍时，最好用平缓的陈述语气，不宜使用感叹语气或祈使句。声音的大小要根据面试现场情况而定。群体面谈时以每个主试人都能听得清你的讲话为原则。回答主试人的提问除了表达清晰以外，适当的时候可以插进幽默的语言，可增加轻松愉快的气氛，尤其是当遇到难以回答的问题时，机智幽默的语言会显示自己的聪明才智，有助于化险为夷，并给人留下良好的印象。

3. 进场面试须知

如门关着，应先轻轻敲门，得到允许后再进去，开门和关门动作要轻，以从容、自然为好。见面时，要向面试考官主动打招呼问好致意，招呼应当得体。当主试人没有邀请你坐下时，切勿急于落座。主试人请你坐下时，应道声“谢谢”，坐下后保持良好的体态，切忌大大咧咧，左顾右盼，以免引起反感。

应试者刚开始的表现很可能决定主试人对应试者的总体印象，所以这时你必须面带微笑，等待主试人的提问，同时要显得兴致勃勃，信心百倍。

4. 面试后的工作

在面试后的一两天内，应试者必须给招聘单位某个具体负责人发一封电子邮件或写信。在信中应该感谢对方为你所花费的精力和时间以及提供的各种信息，简单地谈到你对公司的兴趣以及可以帮助他们解决的一些问题。如果两周之内没有接到任何回音，你可以给主试人打电话询问："是否已经做出决定了？"这个电话可以表示出你的兴趣和热情，也可以从对方的口气中听出你是否有希望成为公司的一员。

## 第五节　大学生就业协议的签订和劳动权益的维护

很多情况下，大学毕业生对如何行使、保护自己的权利，同时应承担哪些义务，发生争议时如何解决等一无所知，严重影响了大学生就业的质量。大学毕业生必须要知法、懂法，学会运用法律武器来保护自己，避免上当受骗。本节从介绍就业协议的内容入手，谈谈如何签订《就业协议书》，介绍就业协议与劳动合同的关系，签订《就业协议书》时应注意的问题，以及如何维护就业权益等方面展开论述。

### 一、《就业协议书》

#### （一）《就业协议书》的概念及作用

《就业协议书》是指用人单位、毕业生两者之间的义务和权利的书面表达形式，是由毕业生本人、用人单位和毕业生所在学校三方共同签订的，约定用人单位接受该毕业生、毕业生本人自愿毕业后到该用人单位工作并由学校鉴证的一份具有法律效力的文件。

《就业协议书》分为《全国普通高等学校毕业研究生就业协议书》和《全国普通高等学校毕业生就业协议书》，由国家教育部和省级毕业生就业工作主管部门统一印制，使用的对象为各普通高等学校大专层次以上的国家统招计划内毕业生。

签订就业协议的主要目的包括：①合理使用人才，保护毕业生和用人单位各自的权益，充分发挥人才的作用，调动毕业生与用人单位的积极性；②是学校制订、国家审批毕业生就业计划的依据。

#### （二）《就业协议书》的内容

以《全国普通高等学校毕业生就业协议书》为例，内容包括封面、编号、毕业生、用人单位、学校名称、协议书具体内容。

具体内容如下。

按《普通高等学校毕业生就业工作暂行规定》的要求，为维护国家就业计划的严肃性，明确毕业生、用人单位、学校三方在毕业生就业工作中的权利和义务，经协商，毕业生、用人单位、学校三方签订如下协议：

（1）毕业生应按国家规定就业，向用人单位如实介绍自己的情况，了解单位的用人意图，表明自己的就业意见，在规定的时间内到用人单位报到，若遇到特殊情况不能按时报到，需征得用人单位同意。

（2）用人单位要如实介绍本单位的情况，明确对毕业生的要求及用人意图，做好各项接收工作。凡取得毕业资格的毕业生，用人单位不得以学习成绩为由提出违约，未取得毕业资格的结业生，本协议无效。

（3）学校要如实向用人单位介绍毕业生的情况，做好推荐工作，用人单位同意录用后，经学校审核列入建议就业计划，报教育部批准，学校负责办理派遣手续。

（4）学校应在学生毕业前安排体检，不合格者不派遣，本协议自行取消，由学校通知用人单位。如用人单位对毕业生身体条件有特殊要求，原则上应在签订协议前进行单独体检，否则，以学校体检为准。

（5）毕业生、用人单位、学校三方如有其他约定，应在备注栏注明，并视为本协议书的一部分。

（6）本协议经各方签字、盖章后生效。三方都应严格履行本协议，若有一方提出变更协议，需征得另外两方同意，由违约方承担违约责任，并在备注栏注明。

（7）本协议一式三份，毕业生、用人单位、学校各执一份，复印无效。

## 二、签订《就业协议书》

### （一）签订就业协议的方法

签订就业协议是毕业生就业过程中的必要环节。就业协议必须由学校、毕业生、用人单位三方共同签署方可生效。因为就业协议是明确在就业过程中毕业生和用人单位双方权利和义务的协议，涉及毕业生的切身利益，并具有法律约束力，所以毕业生在签订就业协议时要注意六个问题：①用人单位的资格；②条款内容的明确度；③与劳动合同的衔接性；④解除协议的条件；⑤签订协议的程序；⑥签名。

### （二）签约时的心理调适

如果毕业生确定了用人单位，对方也明确表示愿意录用，毕业生就可以与用人单位及母校签订协议书。该协议书一旦签订，便视为生效合同，不能随意更改。面对求职择业过程中的这一关键问题，许多大学毕业生瞻前顾后，举棋不定。有的则在盲目签约后又后悔不迭。那么，如何调整签约时的心理状态呢？

1. 冲突心理的调整

一些毕业于名校的大学毕业生往往为多家用人单位所青睐，所以常常接到两个或两个以上用人单位的签约邀请。一旦出现这样的局面，许多毕业生便茫然不知所措，徘徊不定，甚至采用抓阄的荒谬办法来决定自己的最终去向。面对这种情况，大学毕业生应对各家单位与自身实际情况再做一次充分评估，仔细考虑一下自己的择业目标和职业生涯发展计划。

2. 懊悔心理的调整

一些大学毕业生在签约前急于求成，草草签约，而一旦签约又后悔不已。尤其是在了解更多的择业信息或得到条件更好的用人单位的签约邀请后，更是捶胸顿足，懊丧不已。沉浸于懊悔之中，不仅无益于毕业生自身的身心健康，而且这种心态一旦带入将来的工作之中，更会严重影响到自身与用人单位之间的合作。其实，大学毕业生应当有一种终身流动就业的心理，任何事情都不是一成不变的，只要自己不放弃，今后随着实力的增长，就可以得到更好的工作机会。

3. 冲动心理的调整

毕业生在求职择业中，普遍存在着急躁、焦虑情绪，一旦接到用人单位的签约邀请，或担心用人单位反悔，忙于签订协议书。其实，这种急于求成的心理是最不适宜的。在接到签约邀请后，大学毕业生首先考虑的问题应是：我真的喜欢这份工作吗？我的知识和能力能适应这份工作吗？这份工作是我的最佳选择吗？在对上述三个问题做出充分的思考后，再签约也不迟。

### （三）违约手续的办理

《就业协议书》签订后如果有一方反悔，这叫作“违约”，违约必须按照一定的程序办理，同时违约方应当承担违约的责任。

按照《就业协议书》有关规定，一方违约的，应当向另外两方承担违约的责任。违约的具体责任如何承担，可以在《就业协议书》中约定。学校对毕业生的违约行为一般采取收取违约金的经济手段予以制约。如果用人单位违约，学校主管毕业生就业工作的部门同样会出面要求用人单位按照所签订协议给予毕业生赔偿。

毕业生如果确实有特殊原因只能违约的话，可按照下列手续办理。首先向已签约的用人单位提出违约申请；其次经用人单位同意后，向用人单位承担违约责任，交纳违约金或承担其他法律责任；最后，将用人单位同意违约的信函和已签订的《就业协议书》交到学校毕业生就业工作部门，经审查并向学校承担违约责任后，再领新的《就业协议书》。

## 三、劳动合同及相关法律问题

每年都有大量的大中专毕业生和用人单位达成形形色色、内容各异的合同、协议。其中，忽视法律的约束、不注重法律规范性的约定大量存在，引发纠纷的危险性很大。纠纷一旦发生，不仅会使毕业生或者用人单位的利益受损，同时也给学校和就业管理部门带来巨大的压力，这已经成为困扰毕业生、学校、用人单位和就业管理部门的一大难题。

### （一）劳动合同

高校毕业生就业时，与用人单位签订的劳动合同、《就业协议书》以及其他的一些书面约定，都是重要的法律文件，对其性质和相互关系一定要搞清楚。目前高校使用的《就业协议书》并非等同于一般的劳动合同。劳动合同指的是劳动者和用人单位确立劳动关系，明确双方权利义务的协议，一般要以书面形式订立，写明合同期限、工作内容、劳动保护和劳动条件、劳动报酬、劳动纪律、合同终止的条件、违约责任等条款。

1. 劳动合同的内容

一切关乎劳资双方权利义务的约定都是劳动合同的内容。劳动合同期限可分为有固定期限、无固定期限和以完成一定的工作为期限的三种形式。一般来说，劳动合同的内容大致可分为：工作内容、劳动保护和劳动条件、劳动报酬、劳动纪律、违反劳动合同的责任等。

工作内容指在合同有效期所从事的工作岗位及工作要求，双方在约定工作岗位时可以同时约定岗位变化的条件和方法。劳动保护和劳动条件指为保障劳动者在劳动过程中的安全、卫生、健康，用人单位根据国家有关法律、法规而采取的各项保护措施。劳动报酬是双方约定的工作报酬，包括劳动者的工资、奖金、津贴等，劳动报酬支付的形式和支付日期等内容。用人单位在支付劳动报酬时，不得违反国家法律、法规和规章的有关规定，必须以现金支付（用信用卡支付也可以），不得低于国家规定的最低工资标准。劳动纪律包括企业的规章制度、劳动纪律等内容及其执行程序，即劳动者在劳动过程中必须遵守的工作秩序和规则，是用人单位组织生产经营活动，完成规定任务的制度保证，是劳动者必须履行的义务。劳动合同终止的条件是劳动合同期满自然终止或双方在劳动合同中事先约定提前终止的客观事实条件出现。违反劳动合同的责任指劳动合同一方当事人不履行或者不完全履行劳动合同，以及违反《劳动法》及其他法律、法规和规章的有关规定，应当承担相应的法律责任，主要为经济赔偿责任。

2. 劳动合同的效力

从法律角度来讲，劳动者在合同上签了字，是表示自己对这份合同认可，并愿意遵守和履行这份合同的行为。如果拿不出用人单位在签合同时采用了胁迫或欺诈的证据，就只能认定这份合同的签订为自己的真实意愿，就不能主张合同无效。因此，大学毕业生与用人单位签约应慎重，大学毕业生作为具有完全民事行为能力的人，应该为自己的行为负责。

### （二）就业的相关法律问题

首先，从签订就业协议的主体上来看，就业协议的签订须由毕业生、用人单位、学校三方共同在就业协议上签字盖章才能生效。学校作为签订就业协议的一方主体，具有双重主体的身份。一方面，是以平等主体参加到签订就业协议中来，并按照签订《就业协议书》的规定和程序签字盖章。另一方面，学校是以管理者的身份对就业协议进行审查，符合政策规定的予以签字盖章，使就业协议生效；不符合政策规定的，不予以签字盖章，就业协议不能生效。

学校的这种作用实质上是一种行政干预，是行政管理的体现，这是因为：①我国现行的高等学校毕业生就业制度仍然具有计划性，也就是国家还要对毕业生的就业流向实行宏观控制，国家要通过对毕业生就业计划的审批控制毕业生的流向，这是一种行政管理行为。②由于教育部等就业主管部门的授权，学校对签订的就业协议进行监督、管理，并负责制订毕业生建议就业计划。③毕业生在择业过程中，虽然主要是毕业生的个人行为，但是，学校的声誉对毕业生的择业起到了十分重要的作用。由此而使学校在毕业生与用人单位签订就业协议时，十分重视维护学校的声誉。上述原因导致在签订就业协议时，学校与毕业生、用人单位的主体地位是不完全平等的。由于学校有管理职能和维护学校声誉的权利，学校的主体地位高于毕业生和用人单位的主体地位。

其次，从就业协议的客体上来看，毕业生、用人单位、学校三方共同达成的一致意见是毕业生愿意到用人单位就业，用人单位同意录用毕业生，学校经审核同意。所以，签订就业协议主要反映的是一种劳动人事关系，也就是毕业生将成为用人单位的成员。

无论是《就业协议书》还是劳动合同，发生法律效力后，任何一方不得擅自毁约。如果用人单位无故要求解约，毕业生有权要求对方严格履行就业协议，否则用人单位应对毕业生进行补偿。权利和义务是一致的，如果毕业生无故违约或者解除劳动合同，也应当赔偿因此对用人单位造成的损失。

### （三）应注意的其他问题

1. 了解并掌握国家就业政策和学校就业规定

政策和规定可以指引大学毕业生的择业方向，规范毕业生的择业行为。只有掌握了这些规定，自己的择业方向才能明确，目标才能选对。

2. 了解《就业协议书》的全部条款

毕业生在与用人单位签订《就业协议书》前，首先要认真地阅读《就业协议书》中的全部条款，并且要了解条款的内容和含义，同时还要学会运用条款和掌握签订《就业协议书》的步骤。其次，特别要了解用人单位有无独立的录用权，除了用人单位盖章外，还必须有用人单位上级主管部门的公章；否则，学校在参加全国就业计划协调会时，用人单位的上级主管单位不认可，计划便难于落实，学校不能派遣毕业生。

3. 要注意约定的条款本人能否承受

大学毕业生与用人单位在签订《就业协议书》时，许多内容要靠毕业生与用人单位约定，然后备注。毕业生在与用人单位进行约定的时候要注意几个问题：①约定条件是否合理和平等；②约定的条款，大学毕业生本人是否能够承受；③毕业生与用人单位的备注条款，要注意须有毕业生和用人单位双方的签字，否则当发生争议时，由于没有双方的签字备注，条款很难发生作用。

4. 签订协议内容要详细且一致

协议上关于福利方面的内容一定要写明，即社会统筹的养老保险、医疗保险、住房待遇、公积金及失业保险金等，须按国家的有关政策执行。若有其他约定可以补充，如考研、出国等事项均可附加说明，以免今后出现违约现象。此外，还有些单位在签协议书时写明："若违约支付对方违约金五千元"，但在签劳动合同时改成："若违约支付对方违约金二万元。"这种劳动合同与协议书内容不一致的现象一定要避免。

5. 进民营企业一定要规范相关条款

目前，私营企业私招乱聘、用工不签劳动合同的情况比较严重。一些企业虽与职工签订了劳动合同，但合同内容不符合劳动法规定。一些民企，尤其是个体私营企业自制的劳动合同文本内容、条款不够规范，将上岗合同代替劳动合同，把企业管理制度作为合同条款，把非法集资、缴纳保证金等内容写进合同。鉴于一些私企用工制度不规范的现状，建议那些准备到民企就业的大学毕业生增强择业中的法律意识，善于用《合同法》《劳动法》保护自己的合法权益，签好合同再进民企。

# 第三章　创业概述

## 第一节　创业导论

### 一、创意与机会

创业家们常说："好的创意是成功的一半。"创意不是发明创造，创意是将一些司空见惯的元素以意想不到的方式展现给消费者，从而在消费者和品牌之间建立某种关系。大多数经销商在代理其他品牌产品的时候，往往希望能够存在一个很好的市场机会使自己目前的业务有所发展或者开拓更多的业务方向，因此，绝大多数经营者对创意都很敏感。然而，一个很好的创意未必就是一个很好的市场机会，尽管大多数情况下，市场机会源于创意，但并不是所有的创意都会成为市场机会。一个市场机会必然是实实在在的，能够用来作为企业发展基础的。这就是创意和市场机会之间最重要的差别。一个好的创意仅仅是一个好的创业工具，而将创意转化为良好的市场机会却是一个非常艰巨的工作。人们常常过高地估计创意的价值，而忽视了市场需求是否真实可靠。

创业因机会而存在，而机会是具有时间性的。纽约大学柯兹纳教授认为机会就是未明确的市场需求或未充分使用的资源或能力。机会具有很强的时效性，甚至瞬间即逝，一旦被别人把握住也就不存在了。而机会又总是存在的，一种需求被满足，另一种需求又会产生；一类机会消失了，另一类机会又会产生。大多数机会并不是显而易见的，而需要去发现和挖掘。如果显而易见，总会有人开发，有利因素很快就不存在了。

对机会的识别源自创意的产生，而创意是具有创业指向的同时又具有创新性的想法。在创意没有产生之前，机会的存在与否意义并不大。有价值潜力的创意一般会具有以下基本特征。

独特、新颖，难以模仿。创业的本质是创新，创意的新颖性可以是新的技术和新的解决方案，可以是差异化的解决办法，也可以是更好的措施。另外，新颖性还意味着一定程度的领先性。不少创业者在选择创业机会时，关注国家政策优先支持的领域。不具有新颖性的想法不仅将来不会吸引投资者和消费者，而且对创业者本人都不会有激励作用。新颖性还可以加大模仿的难度。

客观、真实，可以操作。有价值的创意绝对不会是空想，而要有现实意义，具有实用价值，简单的判断标准能够开发出可以把握机会的产品或服务，而且市场上存在对产品或服务的真实需求，或可以找到让潜在消费者接受产品或服务的方法。另外，有潜力的创意还必须具备满足用户和创业者需求的价值。创意的价值要靠市场检验，好的创意需要进行市场测试。

总而言之，先有创意，再谈机会。创业机会指那些适合创业的机会，特别是创意。看到机会、产生创意并发展成清晰的商业概念，意味着创业者识别到机会，至于发展出的商业概念是否值得投入资源开发，是否能成为有价值的创业机会，还需要经过认真论证。

## 二、创业机会与商业机会

创业机会，一般是指适合于创业的商业机会，指具有吸引力的、较为持久的，有利于创业的商业活动空间，创业者可以基于此为客户提供有价值的产品或服务，并同时使创业者自身获益。

一般来说，适合于创业的商业机会至少有三个特点：一是特定的盈利空间可能有一定的成长性，如果没有成长性，创业者今天去创业，过不了多长时间就得关门；二是利用这样的商业机会去创业，起步阶段一般只需要较少的资源；三是利用这样的机会去创业，起步阶段一般对组织模式没有绝对需求，即在组织模式设计上，创业者可以最大限度地发挥想象力和创造力。

市场机会的出现往往是因为环境的变化，市场的不协调或混乱，信息的滞后、领先或者缺口，以及市场中各种各样的其他因素的影响。市场越不完善，相关知识和信息的缺口越大、不对称或不协调就越严重，市场机会也就越多。对于创业公司的经营者来说，就是在面对自相矛盾的数据、信号、嘈杂的市场动态中敏锐地发现和识别市场机会。

## 三、创业机会的特征与类型

有的创业者认为自己有很好的想法和点子，对创业充满信心。对创业机会的捕捉是创业者要学会的一门技术，创业者如有灵敏的商业嗅觉，就能捕捉到别人看不到的创业机会。蒂蒙斯教授认为，一个创业机会“其特征是具有吸引力、持久性和适时性，并且伴随着可以为购买者或者使用者创造或增加使用价值的产品或服务”。

### （一）吸引力

创业机会要有吸引力，它不仅要对创业者有吸引力，还必须代表一种顾客渴望的未来状态，对顾客也很有吸引力。所以，创业机会一定是一个有吸引力的创意，这个创意给人以期待。

### （二）持久性

把握创业机会的持久性是非常重要的，有的创业机会稍纵即逝，不好把握，即使把握到了，由于不具有持久性，获利空间也不大。创业机会必须有一定的时间长度以待创业者去把握。

### （三）适时性

创业成功讲究天时、地利、人和，在把握创业机会时，同样要注意对时间的把握。适当时间内出现的机会才是真正的创业机会。如果把握不好，时过境迁了，就不是创业机会了。蒂蒙斯教授认为，好的商业机会必须在机会之窗存在期间被实施。其中的机会之窗就是指商业想法推广到市场上去所花的时间。

### （四）为客户创造价值

创业最终必须依附于为买者创造或增加价值的产品、服务或业务才能进行。如果一项产品或服务不能给顾客带来价值，而是带来麻烦，那么肯定不能构成创业机会。

创业机会的类型从表现上看，可以分为三种：一是隐性的机会，现有的产品种类未能满足或尚未完全被人们意识到的隐而未见的需求，就是潜在的市场机会；二是显性的机会，显性的机会是指在目前的市场上存在着明显的没有被满足的现实需求，这往往是人们共知共识的机会；三是突发的机会，即有时会因一种突发的变化造成一种不平衡，由此而带来新的机会，我们把它叫作突发的机会。

从来源上看，也可以分为三种：一是问题型机会，指的是由现实中存在的未被解决的问题所产生的一类机会；二是趋势型机会，就是在变化中看到未来的发展方向，预测到将来的潜力和机会；三是组合型机会，就是将现有的两项以上的技术产品、服务等因素组合起来，以实现新的用途和价值而获得的创业机会。

## 四、创业机会的来源

当前，创业机会层出不穷，创业机会的出现往往是因为环境的变动，市场的不协调或混乱，信息的滞后、领先或缺口，或者因为消费者观念的变化，以及各种各样的其他因素的影响。总体来说，创业机会大致有五个来源：

### （一）问题

生活中出现的问题或生活中的烦恼就是创业机会。作为创业者在捕捉创业机会的时候，要经常思考人们生活中的种种烦恼形成的原因。创业的根本目的是满足顾客需求，而顾客需求在没有满足之前就是问题，就是烦恼。寻找创业机会的一个重要途径就是善于去发现和体会自己和他人在需求方面的问题或生活中的难处。

### （二）变化

创业的机会大都产生于不断变化的市场环境，环境变化了，市场需求、市场结构必然发生变化。著名管理大师彼得·德鲁克将创业者定义为那些能“寻找变化，并积极反应，把它当作机会充分利用起来的人”。这种变化主要来自产业结构的变动、消费结构升级、城市化加速、人口思想观念的变化、政府政策的变化、人口结构的变化、居民收入水平提高、全球化趋势等诸方面。

### （三）创造发明

创造发明提供了新产品、新服务，更好地满足顾客需求，同时也带来了创业机会。比如随着电脑的诞生，电脑维修、软件开发、电脑操作的培训、图文制作、信息服务、网上开店等创业机会随之而来，即使你不发明新的东西，你也能成为销售和推广新产品的人，从而给你带来商机。关注新产品，也是关注新商机的一个途径。如果你比别人早一步进入这个行业，你创业成功的可能性就比别人大得多。

### （四）竞争

在竞争中发现商机，把握创业机会，也是创业者要关注的。如果你能弥补竞争对手产品或服务的缺陷和不足，这也将成为你的创业机会。如果你可以比周围的公司提供更快、更好、更可靠、更便宜的产品与服务，那么你就找到了一个新的创业机会。

### （五）新知识、新技术的产生

随着社会的不断发展，新知识、新技术层出不穷，作为创业者，不要对新知识、新技术视而不见，不断关注这方面的信息，也能捕捉到不少创业机会。

## 五、影响机会识别的关键因素

面对具有相同期望值的创业机会，并非所有潜在创业者都能把握。成功的机会识别是创业愿望、创业能力和创业环境等多个因素综合作用的结果。

首先，创业愿望是机会识别的前提。创业愿望是创业的原动力，它推动创业者去发现和识别市场机会。没有创业愿望，再好的创业机会也会视而不见，或失之交臂。

其次，创业能力是机会识别的基础。识别创业机会在很大程度上取决于创业者的个人（团队）能力。国内外研究和调查显示，与创业机会识别相关的能力主要有：远见与洞察能力、信息获取能力、技术发展趋势预测能力、模仿与创新能力、建立各种关系的能力等。

最后，创业环境的支持是机会识别的关键。创业环境是创业过程中多种因素的组合，包括政府政策、社会经济条件、创业和管理技能、创业资金和非资金支持等方面。一般来说，如果社会对创业失败比较宽容，有浓厚的创业氛围，国家对个人财富创造比较推崇，有各种渠道的金融支持和完善的创业服务体系，市场有公平、公正的竞争环境，那就会鼓励更多的人创业。

## 六、识别创业机会的一般过程

创业机会的发现是创业机会识别过程中最重要的一步，它意味着创业者发现存在着的创业机会并使之成为自己所理解的创业机会。

### （一）形成创意

一个企业创业成功开始的关键，可能来源于一个新产品或服务的创意，而创意往往来源于对市场机会、技术机会和政策机会的感觉和把握，具体来源于顾客、现有企业、企业的分销渠道、政府机构以及企业的研发活动等。

1. 顾客

创业者可以通过正规或非正规的方式，接触有关新产品或服务的创意的最终焦点——潜在顾客，了解顾客的需求或潜在需求，从而形成创意。

2. 现有企业

主要是对市场竞争者的产品和服务进行追踪、分析和评价，找出现有产品存在的缺陷，有针对性地提出改进产品的方法，形成创意，并开发有巨大潜力的新产品，进行创业。

3. 分销渠道

由于分销商是直接面向市场的，他们不仅可以提供顾客所需的产品改进和新产品类型等方面的广泛信息，而且能对全新的产品提出建议并帮助推广新产品。因此，与分销商保持沟通，是形成创意的一条途径。

4. 政府机构

一方面，专利局的文档中包含着大量的新产品创意，尽管其专利本身可能对新产品的引进形成法律制约，却可能对其他具有市场潜力的创意带来有益的启发；另一方面，创意可能来源于对政府有关法规的反应。

5. 研发活动

企业本身的研发活动通常装备精良，有能力为企业成功地开发新产品，它是创意的主要来源。

一个创意可以通过多种方法产生，主要有：①根据经验分析。对创业者而言，创意是创建企业的工具，在创建成功企业的过程中少不了它。就这方面而言，经验在审视创意时显得至关重要。有经验的创业者往往在模式和机会还在形成的过程中，就表现出了快速识别它们和形成创意的能力。②创造性思维。创造性思维在形成创意的过程中是很有价值的，而且在创业的其他方面也是如此。创造性思维可以通过学习和培训等来提升。③激发创造力。激发创造力的方法有很多，如头脑风暴法、自由联想法、灵感激励法等，可以通过这些方法来激发创造力。④依靠团队创造力。当人们组成团队时，往往可以产生单个人不会出现的创造力。而且，通过小组成员集体交换意见所产生的问题解决方案和其他方式相比，或者更好，或者相当。据统计，约 47% 的创意来源于工作团队的活动。

### （二）创业机会信息的收集

不掌握大量的市场信息，是很难判断出创业机会的。创业机会信息的收集是使创意变为现实的基础工作。

首先，根据创意，明确研究的目的或目标。信息收集时的一个目标便是向人们询问他们如何看待该产品或服务，是否愿意购买，并了解有关人口统计的背景资料和消费者个人的态度。当然，还有其他目标，如了解有多少潜在顾客愿意购买该产品或服务，潜在的顾客愿意在哪里购买，以及他们的消费习惯如何，预期会在哪里听说或了解该产品或服务等。

其次，从已有数据或第二手资料中收集信息。这些信息主要来自商贸杂志、图书馆、政府机构、大学或专门的咨询机构以及互联网等。一般可以找到一些关于行业、竞争者、顾客偏好趋向、产品创新等方面的信息。该种信息的获得一般是免费的，或者成本较低，创业者应尽可能地利用这些信息。对这些信息加以认真梳理，也能发现很多有用的东西。

最后，从第一手资料中收集信息。收集第一手资料包括一个数据收集过程，如观察、上网、访谈、集中小组试验以及问卷等。该种信息的获得一般来说成本都比较高，时间比较长，却能够获得更有意义的信息，可以把握实时的市场情况，可以更好地识别创业机会。

### （三）创业环境分析

环境在创业过程中扮演着非常重要的角色，因此，创业者准备创业计划之前，首先有必要对所处的环境进行研究分析，主要包括技术环境分析、市场环境分析和政策环境分析。

1. 技术环境分析

技术的进步难以预测，从某种意义上说，技术是变化最为剧烈的环境因素。因为技术的进步可以极大地影响企业的产品、服务、市场、供应商、分销商、竞争者、用户、制造工艺、营销方法及竞争地位等。技术进步可以创造新的市场，产生大量新型的和改进的产品，改变创业企业在产业中的相对成本及竞争位置，也可以使现有产品及服务过时。技术的变革可以减少或消除企业间的成本壁垒，缩短产品的生产周期，并改变雇员、管理者和用户的价值观与预期，还可以带来比现有竞争优势更为强大的新的竞争优势。因此，创业者应对所涉及行业的技术变化趋势有所了解和把握，应考虑或因政府投入可能带来的技术发展。

2. 市场环境分析

市场环境分析可以从宏观、中观和微观三个层次来进行。

在宏观上，主要是对经济因素、文化因素的分析。一方面，一个新创企业成功与否，在很大程度上取决于整个经济的运行情况，如整个国民经济的发展状况、产业结构的构成与发展、消费和积累基金的构成及其变化、失业状况以及消费者可支配收入等，具体体现在 GDP、人均 GDP、可支配收入等指标上，这些因素都会影响市场的需求状况，从而对创业企业有一定的影响。另一方面，文化环境，如人们生活态度的变化、价值观念的变化、道德观的变化等，也会对创业的市场需求产生影响，特别是那些与健康或环境质量等有密切关系的产品或服务更是如此。

在中观上，主要是对行业需求的分析。如市场是增长的还是衰退的、新的竞争者的数量以及消费者需求可能的变化等重要问题，创业者必须加以认真考虑，以便确定创建企业所能获得的潜在市场的规模。

在微观上，根据波特的竞争模型，潜在的进入者、行业内现有竞争者、代用品的生产者、供应者和购买者是主要的竞争力量。①新进入者的威胁。新进入者是行业的重要竞争力量，虽然创业者本身往往是一个行业的新进入者，但它同时也会面临着其他意识到同样创业机会的创业者或模仿者新进入的威胁，威胁的大小主要取决于进入障碍和本企业的可反击力度。其影响因素主要包括规模经济、产品差别优势、资金需求、转换成本、销售渠道等。②现有竞争者的抗衡。创业者在进入某一个行业时，会遇到行业内现有企业的压力与竞争，其程度是由一些结构性因素决定的。由于每个行业的进入和退出障碍不同，因此便形成了不同的组合。③替代品的竞争压力。企业的发展将导致替代品的不断增多，因此，创业者在制定战略时，必须识别替代品的威胁及威胁程度。对于顺应时代潮流，采用最新技术、最新材料的产品，或对于从能获得高额利润部门生产出来的替代品，尤其应当注意。④购买者和供应者的讨价还价的能力。任何行业的购买者和供应者，都会在各种交易条件上尽力迫使交易对方让步，使自己获得更多的收益，其中讨价还价的能力起着重要作用。⑤其他利益相关者。主要包括股东、员工、政府、社区、借贷人等，它们各自对各个企业的影响大小不同。创业者从创业初始就应适当考虑与利益相关者的价值均衡问题及它们对创业的影响。

3. 政策环境分析

政府的政策规定，法律、法规等都可能直接或间接影响创业活动。例如，取消价格控制法规，对媒体广告的约束法规（如禁止播放香烟广告），影响产品及其包装的安全条例等，这些法规都将对创业企业的产品开发和市场营销等产生影响。另外，政府对市场的限制也是一个值得重视的方面。如美国政府在20世纪80年代对电信和航空业进入限制的放松，就导致了大量新公司的组建。

### （四）分析结果，形成创业机会

一般来说，有关市场特征、竞争者等的可获得的数据，常常反过来与一个创业机会中真正的潜力相联系。也就是说，如果获得的市场数据清晰显示出重要的潜力，那么大量的竞争者就会进入该市场，该市场中的创业机会就会随之减少。因此，对收集的信息进行结果评价和分析，识别真正的创业机会是重要的一步。一般而言，单纯地对问题答案的总结，可以给出一些初步印象。接着对这些数据信息交叉制表进行分析，则可以获得更加有意义的结果。也就是说，对创业者来说，搜集必要的信息，发现可能性，将别人看来仅仅是一片混乱的事物联系起来以发现真正的创业机会，这是非常重要的。

## 七、识别创业机会的行为技巧

创业机会的存在是由于技术、行业结构、社会和人口趋势以及政治和制度等方面的信息发生了改变，这说明，获取信息以及相应的信息处理能力是识别创业机会的关键所在。首先是通过对整体的市场环境以及一般的行业分析来判断该机会是否在广泛意义上属于有利的商业机会；其次是考察对于特定的创业者和投资者来说，这一机会是否有价值，也就是个性化的机会识别阶段。

创业机会的识别过程的核心线索是理性的分析方法。创业者不能凭简单的直觉挖掘创意和识别机会，必须通过深入的思考和认识，才不至于决策失误。没有相应的理性分析作为基础，创业者进入市场之后，很快会由于市场经营环境的变化或是竞争者的经营行动而陷入被动之中。因此，我们强调在创业机会识别阶段进行理性分析，就是要创业者在创业准备阶段进行更多的调查和分析，做好准备工作，应对实际创业中可能遭受的挑战。

识别创业机会的行为技巧。首先了解创业机会的识别方法，主要有三种方法：一是趋势观察法，观察趋势并利用它来创造机会，寻找出各种最能反映趋势的要素，观察这些要素的变化，分析这些变化中存在的规律；二是问题发现法，问题会不会成为商业机会，就是要从商业角度来思考，不仅解决问题，而且解决方案可以商业化，不是所有问题都是商业机会，但通过创造性解决问题的方法，许多非商业机会的常规问题解决方案可以把它变成非常规解决的商业机会；三是市场研究法，市场研究包括市场信息的收集，以便确定其产品的策略、潜在市场的规模怎样等，还包括定价策略、最合适的分销渠道策略、促销策略等。在企业创业的早期阶段，信息对创业者来说非常重要。其次是市场信息的收集与研究，搜集必要的信息，发现可能性，将别人看来仅仅是一片混乱的事物联系起来以发现真正的创业机会。

识别创业机会的行为技巧，还有一点就是进行市场测试。一个靠预测分析、调查论证得出有价值而且适合自己的机会不一定有顾客，更不敢说能创造出巨大的市场，能开拓一片天地。大公司可以投入巨大的资源开展周密的市场调查和策划，因为它们有实力，可以用投入资金做广告宣传，可以投入大量的资源推销创意。即使如此，不少大公司在此基础上还是谨慎地开展市场测试。杜邦公司当年开发了一种计划生产皮鞋的皮革——可发姆。公司大规模投产前专门用这种皮革生产了一批鞋让消费者试穿，收集消费者的反馈意见。雀巢咖啡为打开中国市场，选择一些城市向住户投递小袋包装咖啡。肯德基在进入北京市场前也反复免费请广大消费者品尝。创业者经常犯的错误是，自己认为好的，就一厢情愿地断定顾客也应该认为好。古人说，“己所不欲，勿施于人”，然而“己所欲施于人”也不一定能奏效，因为创业者面对的是全新且陌生的市场。研究表明，大部分创业者的第一个顾客是家人、同事或亲戚朋友。其他消费者的感受如何，只有通过市场测试才能知道。市场测试是把产品或服务拿到真实的市场中进行检验。市场测试与市场调查不完全相同，无论是创业者本人的感受，还是消费者的感受都不一样。市场调查得来的只是消费者意向性的资料和信息，市场测试是要体验消费者是否真的愿意消费，总结后得出的信息可能更加准确。

## 第二节　创业机会与创业风险

在2014年夏季达沃斯论坛开幕式上，中国国务院总理李克强发表重要致辞，提出“只要大力破除对个体和企业创新的种种束缚，形成‘人人创新’‘万众创新’的新局面，中国发展就能再上新水平”。在2015年两会政府报告中，李克强总理再次提到要“把亿万人民的聪明才智调动起来，就一定能够迎来万众创新的新浪潮”。由此，“大众创业，万众创新”的新浪潮开始引发公众关注，成为新常态下经济发展的“双引擎”之一。

在世界经济复苏乏力，中国经济面临转型之困、经济下行压力的背景下，我国经济当前的发展形势也不容乐观，面临许多困境。中国产品长久以来都处于世界经济产业链条和价值链条的最底端，长期扮演世界工厂的“打工者”的角色，获取的市场份额与付出的高强度劳动并不相称。受制于当前发展形势，我国经济发展必须寻找新型动能，以加强韧性与活力，积攒力量蓄势待发，由此“大众创业，万众创新”便顺势而起。

“创新是一个民族进步的灵魂，是一个国家兴旺发达的不竭动力。”创新的重要性不言而喻，国家历来也一直重视非常，频频出台多项政策、措施支持、鼓励社会进行创新、创业。这给刚刚毕业的大学生提供了一个良好的创业机会。2016 年江西省毕业生总数为 266 288 人，从事企业创业的为 7456 人，占比 0.28%，非企业创业的 186 人，占比 0.07%。从以上数据可以看出，大学生从事创业的人数并不多，但专业比较集中，虽然有政策扶持但由于想创业的大学生涉世不深，又无任何经验，所以在创业过程中举步维艰。

## 一、创业机会识别

任何创业都需要有一双能发现机遇的眼睛。创业虽难，但能够发掘创业机会更难。兵法云：善战者求之于势，不择与人。所谓势就是大的方向，比如国家政策、趋势走向等。高端产品的需求会随着时间的推移和需求的增加逐步扩大，谁能想到以前一部几万块钱的“大哥大”如今几百元都能买到，要想能从中寻找相对适合自己的创业机会，我们可以从以下几点来进行识别。

### （一）现有市场机会和潜在市场机会

市场中存在着许多明显没有被满足的市场需求称为现有市场机会，大学生拥有大量的理论知识，可缺乏社会经验，我们可以根据自身的专业和特长多去市场上逛逛，多去参加一些社会实践，通过实践结合自身的理念找出哪些是未被满足的机会。以教育类专业为例：许多学生觉得考国编、特岗是比较好的出路，但其实随着国家城镇化的进程，有许多小孩中午、下午放学后无人照看，如果能组织几个同学在学校附近搞个生活、学习的托管班也不失为一个好的选择。那些隐藏在现有需求后面的仍没有被满足的市场需求称为潜在市场机会。要发现这种潜在机会，则要有一定的灵感，或者说是挖痛。所谓挖痛就是找到生活当中自己感觉不便利或者不舒服的地方，如果能通过自身的努力使得这种不方便变为方便，也就会产生一个明显的商机，因为在你身上表现出的不方便同样在其他人身上也会有。明显的市场机会由于进入者多，竞争也必定激烈。但潜在市场机会由于不容易被发现，往往蕴藏着巨大的商机。

### （二）行业市场机会与边缘市场机会

行业市场机会是指某一个行业内的市场机会，就像互联网、物流、房地产等，往往大学生创业都与自身所学专业相关，要多与毕业后的师兄进行交流，获取行业内的最新知识，为今后创业提供理论基础。在不同行业之间的交叉结合部分出现的市场机会，被称为边缘市场机会。如今由于大学生受专业所限，他们往往只认准一个行业，对其他行业少有涉猎。现实是单个行业的机会接近饱和，如果同学们能把不同行业进行整合，其创业机会将大大增加。大学是个很好的平台，只要是综合型大学，几乎会包括大部分专业，多与志同道合的不同专业的人进行交流，或许能得到意想不到的效果。乔布斯就是个很典型的例子。

### （三）目前市场机会与未来市场机会

顾名思义，目前市场机会是当前的机会，未来市场机会是将来的机会，有句古话叫：吃着碗里的看着锅里的，碗里的是目前的机会，锅里的是未来市场的机会，所以碗里的要吃，但锅里的也要去留意。要始终掌握发展的大趋势，才有可能在瞬息万变的市场中找到机会。

## 二、创业项目的选择

大学生在创业初期可能都不知道选择什么样的经营项目，刚刚从象牙塔里出来，没有任何创业经验，虽然学校会象征性地给些就业、创业指导，但能提供创业经验的寥寥无几。了解一套选择和评估创业项目的思路显得尤为重要。

对于想投身创业的大学生来说往往会有种找不到项目，总觉得自己生不逢时，不知从何下手的感觉；但对于已经开始创业，并能在激烈的市场中生存下来的人来说，则处处能看到商机，却由于自身的精力和财力有限而无法施展。这两者的区别在于对市场了解的深度。只要肯花时间和精力去了解和熟悉当前市场，不愁没有可做的生意。对于大学生如何选择创业项目，笔者提出如下建议：

（1）拓展选择项目的渠道。这是个信息爆炸的时代，人们可以很方便快捷地获得信息，如互联网、报纸、杂志、朋友或熟人、展览会、博览会、研究机构、经销商和批发商、政府有关部门等。国家对大学生就业工作一直非常重视，如学生填写的就业平台E朝朝里面就会提供大量的就业信息，并且会及时更新，虽然它没有提供创业信息，但也可以从就业信息中解读行业的发展状况，往往人招得多的单位就有可能是发展比较好的行业。如果有条件可以与成功的企业家接触，但这需要广泛的人脉关系，可遇而不可求，听取小企业管理课程和创业讲座等从中得到许多对自身发展有用的项目信息，通过自身的感触改进现有产品和服务，从客户抱怨中或者自己的人生经历的不方便中找到一些原创性的解决思路。

（2）先进的项目理念，行业里有句话是“不熟不做”，选择的项目必须和自身的从业经验、技能、特长相吻合。拿如今的中国现状来说，电子商务的出现已经不再只是对传统行业的挑战，淘宝、天猫、微商等已经抢夺了大量的传统行业的市场，甚至有完全替代传统行业的可能性。现在的传统行业可以说是举步维艰，个人认为，现代的电子商务和传统市场的竞争一定会出现一个平衡点，因为各自的优势都是无法替代的。大学生想投身创业，应多想想自身的优势，以确定进入哪个行业。

（3）创新或创意。未来12大新兴技术分别是移动互联网、人工智能、物联网、云计算、机器人、次世代基因组技术、自动化交通、能源存储技术、3D打印、次世代材料技术、非常规油气勘采、资源再利用。2015国际权威研究机构汤森路透发表的新的一年全球企业创新排名TOP100中，全球创新企业日本40家，美国35家，法国10家，德国4家，瑞士3家。日本其实早就抛弃了低端制造业，全力投入BtoB（企业与企业电子商务模式）、新材料、人工智能、医药、生物、新能源、物联网、环保等新兴领域。在我们看来，中国的互联网技术很强大，但阿里云官方介绍中提到，全球云计算实力榜中，中国只排到倒数第四。从以上数据中可以看出，我国的创新创业还非常落后，受过良好教育的大学生才是创新、创意的源头。

## 三、创业风险识别

创业风险指的是企业在创业过程中可能遇见的各项风险，包括创业环境的不确定性、创业活动偏离预期目标的可能性、创业机会与创业企业的复杂性，等等。创业风险具体有如下几个方面：

### （一）融资风险

融资风险存在于知识层面和商业层面之间，知识转化为成果、成果转换为商品都需要资金的支持，往往投资初期的预算会出现缺口，由于没有足够的资金支持，就很难使知识商业化，从而给创业带来一定的风险。

### （二）研究风险

理论上可行并不代表现实中可行。当代大学生理论功底扎实，却缺乏实践经验，当预想的产品真正转化为商品时，是否会达到预计中的各项性能、低廉的成本和高质量的产品，并能从激烈的竞争市场中生存下来，这需要进行大量复杂且可能耗资巨大的研究工作验证，从而形成创业风险。

### （三）管理风险

“企业管理”“人力资源管理”都是大学所学课程，但理论和实践往往是两条路，甚至可以说与现实脱节，没有实践的检验，大学生是不具备真正的管理才能的。创业主要有两种：一是创业者利用某一新技术进行创业，他们可能在技术方面是专才，但不一定是管理方面的专才，因而形成管理风险；二是创业者往往有某种创意，但由于不善于管理具体的事务，从而形成管理缺口。

### （四）竞争风险

只要是企业就必须面对竞争，对于新创办的公司更是如此。因此大学生要进入某个行业时，必须考虑其竞争对手和自己的优劣势，什么是对手做不到而自己能做到的，充分发挥自己在竞争中的优势，考虑好如何应对来自同行的残酷竞争，这些是创业企业生存的必要准备。

大学生从事创业已经进入国家战略，为鼓励高校毕业生自主创业，以创业带动就业，国家颁布了多种优惠措施和政策。财政部、国家税务总局发出的《关于支持和促进就业有关税收政策的通知》，明确自主创业的毕业生从毕业年度起可享受三年税收减免的优惠。其中，高校毕业生在校期间创业的，也可向所在高校申领高校毕业生自主创业证；离校后创业的，可凭毕业证书直接向创业地县以上人社部门申请核发就业失业登记证，作为享受政策的凭证。只要大学生把握好机会，控制好风险，就能为自己创造出另一片天空。

# 第三节 创业的基本因素

## 一、家庭教育的缺乏，致使大学生缺乏创业品格

当前在校的大学生绝大多数都在21世纪初出生，有相当部分是独生子女。这代大学生充分享受到了国家改革开放的成果，家庭条件普遍较好，都是父母的掌上明珠，宠爱有加。一些家庭在对子女提供丰厚的物质保障的同时，缺少对其精神方面的塑造，缺少对其在吃苦耐劳、宽宏大气、不畏挫折、沟通交流、恒心意志、责任感和事业心等方面的教育培养。进入高校后，父母对大学生思想方面的关心更少，沟通不多，总是寄希望于高校的培养，而高校对学生在创业方面所需要的思想、心理素质的教育也有限，以至于大学生毕业后缺乏必要的创业品格。

## 二、应试教育的弊病，使得大学生缺少创业能力的锻炼

为了能享受到优质教育资源，学生须应付各类考试，既没有时间和精力去锻炼和提高各种能力，也不会应用知识去创新，倡导多年的素质教育仍停留在应试教育上。步入大学后，他们虽然也参加一些社会活动、社会实践和专业实习，但这种锻炼与创业所需要的素质相比是极其有限的，大学生普遍缺少创业所需的能力训练，缺乏创业的勇气。

## 三、高校人才培养模式的缺陷，不利于学生创业能力的培养

高校人才培养模式，对于创业人才的培养具有关键作用。长期以来，我国高等教育一直以培养就业型人才为目标，使学生被动地适应社会。教学中强调对知识的记忆、模仿和反复练习，而忽视对知识的再发现，忽视批判思维能力的培养，从而使得学生缺乏主动性，缺乏创造和创业意识，缺乏开拓的个性。

## 四、传统就业观念的束缚，制约了大学生创业意识的培养

尽管我国改革开放已经 40 多年，高等教育已迈入大众化时代，但是传统就业观念根深蒂固，一些家长希望自己的孩子大学毕业后能进大机关、大企业、大城市，希望他们到发达地区、高收入行业就业，对于学生毕业后自主创业，学生和家长普遍准备不足。

## 五、缺少良好的创业环境，导致大学生创业中存在着很多障碍

一方面，高校对大学生创业还没有形成一种认识，从政策导向、制度保障等方面都未给大学生创业提供足够的支持和充分的保障；另一方面，地方政府尽管已经为大学生创业出台了一些具体规定，鼓励大学生创业，但是这些规定真正落实起来不仅程序繁杂而且作用不大，并不能有效扫除当前大学生创业中存在的一些现实障碍。

# 第四章　大学生就业能力培养

## 第一节　能力概述

### 一、就业能力内涵

就业能力（Employ Ability）这一概念源于就业，它最早由贝弗里奇（Beveridge）在 1909 年提出，这一概念提出的目的是保证社会经济发展而培养合格的劳动者。虽然因时代不同，就业能力研究的角度表现出多样化特征，但总的来说都强调与职业相关的综合能力。国际劳工组织（ILO）认为，就业能力是个体获得和保持工作，在从事工作的过程中进步以及应对工作生活中出现的变化的能力。哈维（Harvey）认为就业能力是被雇佣者具有并在劳动力市场上展示的，雇主所需和被认为有吸引力的技能总和，这些技能应该是让雇佣者相信他们在将来的岗位中能有效工作的行为特征。荷兰心理学家海吉德等认为就业能力是“通过运用胜任力不断地实现、获得或创造工作”。国内学者关于大学生就业能力的界定也是众说纷纭。吴小玲认为就业能力是指一个人所具有的找到工作以及做好工作的能力。赵颂平认为大学生就业能力是指大学生在校期间通过知识学习和综合素质开发而获得的实现就业理想、满足社会需求、在社会生活中实现自身价值的核心素质群。朱新秤认为大学生就业能力是大学生满足社会和用人单位对人才的需求，成功就业的能力。

综合国内外的研究成果，笔者认为，所谓大学生就业能力是指大学生通过在校期间学习和素质培养而获得的实现就业目标，做好并保持工作，在工作过程中满足社会和个人需要，实现自我价值的能力。

### 二、就业能力结构要素

在就业能力具体构成方面，美国劳工部就业技能委员会（SCANS）报告认为，就业能力包括 36 项能力，并将它们分为两大类：基础方面和工作胜任力。其中基础方面包括基本技能、思考技能和个体特质三个部分，工作胜任力包括资源、人际交往、信息、系统和技术五个部分。就业能力包括：对专业知识的理解力，具有工作所需要的通用和专业技能、效能信仰，体现战略反应和思考的元认知。瑞士联邦大学 M.L. 戈德斯密德教授所领导的研究小组在对大规模的大学生获得职业成功的调查研究的基础上，认为大学生顺利就业应具备五个要素：就业动机及良好的个体素质、人际关系技巧、丰富的科学知识、有效的工作方法、敏锐广阔的视野。国内学者大多认为大学生就业能力不单纯指某一项技能、能力，而是一种综合能力。代洪甫认为就业能力主要包括基本工作能力、专业能力和求职能力三个基本层次。彭时代认为大学生就业能力体系包括道德性、技能性、心理性、竞争性、实践性、发展性和应聘性七个方面的就业能力。朱新秤认为就业能力包括职业认同、专业知识与技能、社会资本、个人适应能力四个方面。

虽然国内外学者的研究，基于各国不同的经济发展状况，对就业能力构成的侧重点有所不同，但基本的观点还是一致的，即认为就业能力是多种能力的集合，是一个综合的体系。对于一个体系，要分析其详细的具体构成，是一件很困难的事情。但是任何体系都有其核心内容，笔者结合大学生群体的特征，即接受高等教育、面临择业、即将走向社会的实际情况，认为大学生就业能力体系主要包括五个方面的核心内容：

第一，基础性能力。基础性能力是大学生成功就业应该具备的基本素质，是用人单位挑选大学生的首要标准。它主要包括适应环境、人际交往、团队协作、外语和计算机运用、普通话、承受挫折和情绪控制等方面的能力，还包括良好的思想道德、责任心等。

第二，专业性能力。专业性能力是指大学生通过在校期间专业学习和专业实践所掌握的专业理论和专业技能，以此满足职业岗位需要的基本能力。它主要包括专业知识、职业岗位所需的特殊技能以及专业素养等。

第三，实践性能力。实践性能力是指大学生在实践活动中所表现出来的能力，它主要包括理论知识应用、组织管理、任务理解和执行、项目策划等方面的能力。

第四，求职性能力。求职性能力简单地说就是大学生顺利地找到一份工作的能力。大学生要想在人才市场中凸显出来，必须具有竞争型的求职能力。求职是自身实力、信心和综合素质的运用，良好的求职技巧可以帮助大学生顺利就业。求职能力包括就业信息收集与处理、择业定位、自我表达、自我推销、职业规划等方面的能力。

第五，发展性能力。发展性能力是指大学生适应职场变化特别是经济社会发展的需要，在工作过程中持续发展，实现自我价值的一种能力。它主要包括自主学习、创新创业、决策判断、把握机遇等方面的能力。

# 第二节　就业能力的培养

## 一、实践能力

教育部曾多次发文强调要大力加强实践教学，切实提高大学生的实践能力，要求高校积极推动研究性教学，让大学生通过参与教师的科学研究项目或自主确定选题开展研究。高等教育作为知识创新和技术创新体系的基础，其责任就是要培养具有创新精神和实践能力的高级专门人才，将实践能力的培养融入学校教育的全过程是时代发展和社会发展的需要，更是教育自身发展的需要。因此，寻求对大学生进行实践能力培养的有效途径，已经成为当前我国高等教育推进素质教育的核心课题。

### （一）实践能力培养的必要性

1. 实践能力是毕业生与用人单位对接的桥梁

某高校多届本科毕业生质量跟踪调查报告指出，毕业生呼唤实践教学环节的强化是必须引起教育主管部门高度重视的问题之一。目前，用人单位出于自身效益考虑，要求“上手快”，基本不培训新上岗者，加之人才市场供过于求，使用人单位占据主动地位，对招聘对象的适应期要求更加苛刻。我们所培养的对象能否很快对接职位，关键在于学校能否提供更有效的培养方式。所以，毕业生走向岗位后，一个强烈的感受就是：大学期间的实践环节不可或缺；参加社会实践与创新实践，是培养解决社会问题实际能力和工作创造性能力的重要途径。

2. 实践能力是高等学校培养人才适应社会的需要

近几年来，随着我国高等教育大众化改革的发展，各校的招生规模都在不断扩大，同时也出现了部分高校毕业生就业困难的问题。这里的缘由是复杂的，从表面上看，主要是因为大学所培养的人才不能很好地适应社会的变迁和满足社会发展长远的需要，造成人才的相对过剩和就业困难。但是如果深究其因，从大学教育的角度分析，不难得出，这主要是过弱的文化陶冶、过窄的专业教育、过重的功利导向和过强的共性制约所造成的，而实践能力培养的缺乏恰恰是它们的突出表现。

### （二）实践能力培养的主要途径

经过二十多年的实践，我国高校的学生社会实践已经初步形成了比较稳定的内容和形式，结合笔者所在院校的实际情况，主要介绍以下几种：

1. 暑期社会实践活动

这是20世纪80年代以来出现的发展最快、影响最大的实践方式。它是指大学生利用暑期进行的时间相对集中、大规模、大范围的社会实践活动。其内容十分丰富，包括社会调查（到革命老区、大中企业、乡镇企业、边远山区、经济特区参观访问，调查研究）、社会服务（面对社会各界的科技服务、教育服务、医疗服务、文化服务）、企业咨询（技术咨询、管理咨询）、专业调研（承担某项科研课题，围绕课题需要进行的调查研究）、科技扶贫、智力支乡、回乡考察、义务劳动、社会宣传、慰问演出等。一般每年暑期进行1～6周。由于每年一次，时间集中，参加人数多，社会接触面大，直接对社会做贡献，对于促使每个学生树立理想、坚定信念、了解国情、热爱工农、增长才干，对于在校园内形成关心祖国、面向社会、服务人民的群众观念和良好风尚，是一个十分重要和卓有成效的教育环节。

2. 科技、文化、卫生“三下乡”活动

科技、文化、卫生“三下乡”活动是大学生持续多年的一项社会实践活动，并且已取得了可喜的成果。“三下乡”社会实践活动的内容包括科技扶助、企业帮扶、文化宣传、医疗服务、法律普及、支教扫盲、环境保护等。大学生通过这些贴近群众的社会活动，了解社会，既锻炼了自身能力，又加深了对社会的认识。

3. “青年志愿者”活动

大学生积极响应团中央号召，利用课余时间和假期开展了形式多样的“青年志愿者”活动，宣传公民道德，播撒文明种子。在活动中，大学生通过悬挂横幅、散发传单、现场解说、图片展览、出黑板报等方式，弘扬中华民族的传统美德和新时代先进的道德观念。他们宣传的内容包括习近平新时代中国特色社会主义思想、国家“第十四个五年计划”、西部大开发等基本国策；他们在宣传科学，反对迷信和伪科学的过程中，积极倡导健康文明的生活方式；同时，他们还参加社会义务劳动，走进敬老院进行“献爱心、送温暖”的活动等。他们把文明带进了千家万户，为社会主义物质文明和精神文明建设贡献自己的力量，受到了社会各界的广泛好评。

4. 社会调查

社会调查是社会实践常用的重要形式。毛泽东同志曾指出“没有调查，没有发言权”，他和其他老一辈无产阶级革命家都十分重视社会调查。如今，在高校结合课堂教学与课外阅读，组织开展社会调查，对大学生接触社会，了解国情，树立正确的世界观、人生观和掌握科学的方法论具有十分重要的意义。

社会调查一般结合课程学习和论文工作进行，既可以安排在平时也可以在寒暑假和节假日，既可以分散进行也可以集中组织。但无论是哪方面的社会调查，都应该有明确的对象和内容，并且应注重对学生的指导，此外，还要注意考核和检查，这样才不至于流于形式，从而收到实效。

5. 社会服务

社会服务指学生利用星期天、节假日或平时课余时间走向社会，从事各种义务服务活动（不取报酬）。常见的有街头宣传（宣传交通法规、环境保护、计划生育、雷锋精神等）、便民服务（修理自行车、修理家用电器、义务理发等）、咨询服务（技术咨询、管理咨询、法律咨询、医疗咨询、心理咨询等）、技术服务（推广新产品、新工艺、新技术、新材料，协助农村和企业解决技术问题等）、医疗服务（送医上门、宣传防病治病知识、计划生育知识、用药常识等）、演出服务（送戏上门、慰问演出等）、政法服务（参加乡镇、街道的人大换届选举，参加案件审理等），这种形式的特点是时间分散、细水长流、不取报酬。其实践的深度虽不及其他时间相对集中的形式，但能使同学们与社会的接触经常化，拓宽与社会息息相通的渠道，有利于大学生树立为人民服务的思想，培养助人为乐的精神，不断增强社会责任感。

6. 公益劳动

公益劳动泛指人们利用休息时间从事的有利于社会公众的所有活动，又称义务劳动。一般在低年级大学生中安排 1 ~ 2 周公益劳动，如组织学生参加重点工程建设，参加兴修水利工程，包括参加校内、外的植树绿化劳动，参加校内的除草、打扫环境卫生、修理门窗桌椅、清扫粉刷宿舍等体力劳动。

近年来兴起的“志愿者行动”“社区援助”等活动，其实也属于公益劳动。我们这里所讲的公益劳动，主要是指在课余时间把学生组织起来参加一定的体力劳动和服务工作，以达到培养学生劳动观念、服务意识、团队精神和良好意志品质的目的，是社会实践的一种有效形式，对推动校园文化建设具有积极的作用。

7. 课外科技活动和课外创业活动

课外科技活动是指大学生利用课余时间参加一些科技活动。例如，为企、事业单位解决技术难题，为社会部门和单位研发计算机技术或管理信息系统软件，从事小发明、小革新、小制作等创造性活动。对于社会科学和管理科学类学生，其指利用课余时间进行专题调查研究或理论探讨活动。课外科技活动是一个充分发挥大学生主动性、创造性的领域，有利于培养大学生热爱科学、积极探索、大胆创新、踏实肯干的精神。

课外创业活动是指高校学生个人或团队利用课余时间制订创业计划并付诸实施的活动。虽然读书期间将创业计划付诸行动的学生只是极少数，但参与创业计划的制订对培养创新精神、创业精神、团队意识等有很大的帮助，受到青年学生的广泛欢迎。近两年兴办的学生创业计划大赛已经成为高校校园一道亮丽的风景，引起了社会各界，特别是企业界和新闻界的密切关注。

8. 勤工助学活动

勤工助学活动是学生利用课余时间进行的有酬劳动，是社会实践的有偿服务形式。勤工助学活动除了具有社会实践的一般教育意义外，还具有帮助学生增强经济自立能力、锻炼独立生活能力和实际工作能力的特殊意义。

9. 军训

对大学生进行军训是社会实践活动的重要内容。军训一般安排在大学一、二年级，内容包括军事训练、政治教育、品德作风教育和国防教育。军训有利于大学生克服自我中心意识和懒散作风，树立国防观念、纪律观念和集体观念，培养吃苦耐劳的精神和克服困难的坚强意志。

10. 专业实习

专业实习是结合专业教学进行的劳动实践，一般分为校内和校外两种类型。这个环节对培养学生从实际出发，虚心向有专长且实践经验丰富的专业技术人员、师傅等学习的作风，对技术、技能和知识的传承，对丰富实际知识，提高运用所学理论知识分析问题和解决问题的能力，都大有裨益。

## 二、创造能力

在大学生的创造活动中，创造性思维是获得创造成果最核心、最必要的因素。创造性思维通过有创见的思维活动，不仅能揭示事物的本质，还能提供新的、具有社会价值的产物。千百年来，人类凭借创造性思维不断地认识世界和改造世界，从这一意义上说，人类所创造的一切成果都是创造性思维的外现和物化。要培养和开发大学生的创造力，必须对创造性思维有深刻的认识和了解。

### （一）创造能力培养的必要性

所谓创造能力，是指进行创造活动的能力，这种能力和所产生的结果在本质上是新颖独特、前所未有的。随着教育改革的不断深入，加强对大学生创造能力培养的问题，引起了各国的注意和重视。创造能力较强的人，其主要特征有：第一，既有扎实的专业基础理论、广泛的邻近科学知识以及与本专业有关的新的科学知识，又有熟练的基本技能和获取知识、运用知识、探索未知的能力。这是一个具有创造能力的人获得事业成功的基础。第二，具有创造性思维。一个创造能力较强的人往往在思维活动中表现出积极的求异性。他们既尊重科学，又不被传统观念和已有的知识所束缚，对已有的权威性的理论不迷信，而是采取科学的创建性态度。对未知的领域有着强烈的探索兴趣和创造欲望，而对于一些习以为常的现象能从新的角度提出问题、研究问题。第三，具有良好的思想品质和坚韧不拔的毅力。

### （二）创造能力培养的主要途径

1. 激发创造性思维

为了提高大学生的创造性思维能力，除进行必要的创造性思维训练，掌握一般的创造性思维方法外，对创造性思维实施激励也是十分重要的。

（1）激发创造设想。自己设立的目标不论遭到怎样的质疑，都必须对达到目标有信心，这样才能坚持做下去。所以，创造者在发明创造中应采取积极的态度。同时，要努力激发自己的创造欲望，要坚信自己具有创造力。有了这种强烈信念的指导，人们就会激发自己的创造欲望。

要培养创造欲望，必须使头脑经常处于活动状态，如应该经常、反复地问自己“我能创造些什么？”“什么东西需要我去创造？”“我怎样进行创造？”。这样，一旦遇到机遇或可能，有些问题就自然而然地进入脑海而不会轻易溜掉。

（2）打破陈规俗套。相信旧的模式可以被打破，花样可以被翻新；相信一个在思想、生活方式和技术等方面全新的世界可能会出现，这在理论上很多人都能接受。但在实际上，大部分人都不愿改变，不愿为学习和采用新方法付出必要的劳动。大多数人从幼年起就已形成满足现状的心态，新思想常常被看成是过激的、有破坏性的。我们往往不会受到鼓励去创造新设想，因为它们可能破坏现有事物的规矩。

为发挥你最大的创造潜力，你必须发展一个敞开的、放松的头脑。让所有的设想都能自由进入；愿意去考虑不寻常的、不为人所知的设想；对新设想在没有做调查研究之前，能做到不急于下结论，不武断地拒绝它；愿意去探求无意中产生的想法，接受它，并在此基础上形成设想。

（3）提出“假如”思考。为了充分发挥一个人的想象力，激发其创造性思维，可经常提出一些“假如”或“如果”的问题，这些假设不要求合乎逻辑和事实。例如，“假如世界上没有水会怎样？”“如果世界上只有我一个人将会怎样？”“假如没有太阳，世界将会怎样？”等。这些问题的提出，对于创造性思维的激励很有帮助。

（4）克服从众心理。大多数人都有一种从众心理。一般情况下，从众心理对于完成普通的工作、执行常规的任务、解决一般的问题是有利的。但是在创造性思维活动中，一个创造者如果不由自主地赞同或屈从于某个群体成员最初的想法，就会无形中使自己的思路沿着他人的轨道运行，从而落入俗套，限制自己的思路，减少新“主意”产生的概率。因此，创造者应当独立自主地把握创造契机，尽量减少“模仿他人”，避免与众人“雷同”的思想和活动，以克服群体思维束缚自己的创造性思维。古今中外，伟大的发明者没有一个盲从于群体思维。

（5）消除对大脑的抑制。一个人如果连续工作的时间太长，就会降低头脑思考的清晰程度。长时间对大脑压抑会降低头脑的工作效率，极大地影响创造性思维的发挥。通过游玩、聊天、听音乐或漫不经心地绘画等，不仅可以使人浑身轻松、精神舒畅，同时往往还会诱发灵感，激发新的创意，激发潜意识思维，产生创造性设想。有人在研究游玩对于创造的作用后发现，游玩有时也会激发创造性思维的产生。因为人们在游玩中不必注意实事求是和墨守成规，使思想处于自由奔放状态，这种情况往往十分有利于创造性思维的开展。

2. 创造性思维的训练

创造性思维的训练可以使人们摆脱各种思维障碍，从而产生许多创造性设想，再经过一定的操作而获得创造的成功。这种训练是经过一定量的训练题操作而完成的，训练题的种类较多，其中较为典型的有以下几种：

（1）扩散思维训练。该训练的关键是找到扩散点，然后进行思维扩散。一般情况下，扩散点如下：

1）材料扩散。例如“报纸”，它的用途有多少种？经过思考可知，它能够传播信息和知识，可用来包东西、练字、做玩具、糊信封以及做道具等。

题目：牛奶、塑料袋、石头、旧牙膏皮、旧衣服、泡沫塑料等各有多少用途？

2）功能扩散。例如，“照明”有多少种方法？我们可以想到油灯、电灯、蜡烛、手电筒、反射镜、火柴、火把和萤火虫等。

题目：为了达到取暖、降温、除尘、隔音、防震和健身等目的，可以有多少种方法？

3）结构扩散。例如，“半圆形结构”能列举出多少种？名称为何？参考答案为拱形桥、房顶、降落伞、铁锅和灯罩等。

题目：“○”“▲”结构有多少种？名称为何？

4）形态扩散。例如，“红色”可用来做什么？可做信号灯、红旗、墨水、纸张、铅笔、领带、本子封面、衣服、五角星、印泥、指甲油、口红、油漆和灯笼等。

题目：“香味”“影子”和“噪声”可用来干什么？

5）组合扩散。例如，“汽车”可与喷药机、冷冻机、垃圾箱、集装箱、通信设备、油罐、X光机和手术室等组合。

题目：圆珠笔、木梳、温度计、电视机、水壶、书、灯等可与其他哪些物品组合？

6）方法扩散。例如，“吹”可办哪些事情或解决哪些问题？思考后可知，利用“吹”的方法可以除尘、降温、演奏乐器、传递信息、制作产品及挑选废品等。

题目：“敲”“踩”“弹”可办哪些事情？

7）因果扩散。例如，“玻璃板”破碎有哪些原因？经过思考后可知，原因有撞击、敲打、棒打、重压、震裂或炸裂等。

题目：举出桌子、灯、砖、碗、杯、楼房、机床、汽车、变压器、河堤等损坏的原因有哪些？

8）关系扩散。例如，“人与蛇”的关系有哪些？蛇皮可制作乐器，蛇胆、蛇毒可制成药；蛇可灭鼠；毒蛇咬人可致伤也可致死。

题目：太阳、鸟粪、黄金、计算机、信息管理、细菌与人的关系。

（2）异同转换思维训练。例如，“1分和5分的硬币”有哪些相同点和不同点？通过观察可知，它们的相同点是银色合金制品、圆形、有国徽图案、有汉字和阿拉伯数字、侧视呈扁形、有齿形边缘、流通后带有细菌等。它们的不同点是厚薄不同，直径、重量、图案、数字大小和齿形边缘条纹数不同等。

题目：举出钟和表、工人和知识分子、软件和硬件、发电机和电动机、两片树叶的相同点和不同点。

（3）想象思维训练。

1）图像想象。例如，对“○”图形，能否尽量多地举出与其相似的东西？如盘香、发条、圆形电路盘、盘山公路俯视图、录音带、盘着的蛇、指纹、卷尺、草帽和水漩涡等。

题目：举出与图形“▲”“S”相似的各种东西。

2）假设想象。假设想象是通过对某种事物的回忆、推理和猜测，来想象将会出现的结果。例如，如果世界上一只老鼠也没有，将会怎样？可减少粮食和其他物品的消耗，不需制造捕鼠器和鼠药，不会发生鼠疫和儿童被鼠咬伤或咬死的现象，食鼠动物无食物来源将破坏生态平衡等。

题目：若没有太阳、水、空气、石油、植物、动物，世界将会怎样？人类长生不老将会怎样？

（4）联想思维训练。

1）相似联想。例如，从“警察”想到“士兵”，从“太阳”想到“月亮”。

题目：猫，人，鸟，汽车。

2）矛盾联想。例如，从“大”想到“小”，从“白”想到“黑”，从“上”想到“下”。

题目：胖，美，聪明，加强，无控。

3）接近联想。例如，“钢笔”—放在桌子上—桌子摆在窗户附近—人开窗可见晴朗夜晚的星星。可简写为：钢笔—桌子—窗—星星。

题目：土—纸，树—球，老虎—鲜花，姑娘—罪犯。

（5）思维定势弱化训练。

1）5 只猫用 5 分钟捉 5 只老鼠。请问，需多少只猫，才能在 100 分钟内捉 100 只老鼠？（限时 1 分钟）

2）你能用 4 根火柴摆 5 个正方形吗？（限时 3 分钟）

3. 克服心理障碍

妨碍创造的障碍有来自个体内部的，也有来自外部环境的，特别是内部心理的障碍更是严重地妨碍着个体创造力的发挥。认识并克服各种心理障碍对创造的抑制作用，有利于创造力的开发和培养。

（1）克服观念保守心理。人的活动与动物活动不同的地方，是人的活动有意识、有目的，即它是在一定观念指导下进行的。人对外在的事物是怎么看的，他就会怎么样去行动。新儒家代表人物贺麟谈到观念的作用时曾这样表述：观念在人的精神生活中所占的地位，就好像光在人的实际生活和行为上所占的地位一样。没有光，整个世界黑暗了；没有观念，整个人生就盲目了。一个个观念就好像黑夜中的盏盏明灯一样。系统的理论、中心的思想、事物的真理就好像日光一样，照耀着、指导着人生和行为，使人的生活有意义、有目标、有方向。因此，观念对于行动的方向和结果具有重要的作用。

我们要修炼自己的创造能力，首先就要摆脱错误的有害于创造的观念，用正确的观念来激发我们的潜能，成为一个有强大创造力的人。中国有句古语："神仙本是凡人造。"这句古语道出了一个颠扑不破的真理：创造力是作为智慧生物的人类具有的才能。也就是说，除了少数智力低下的人之外，对一切正常的健康人来说，不论性别、年龄、民族、出身、地位、学历以及职务等，都具有创造力。创造力并不是神秘的或只有少数天才才具有的特殊才能，创造力是每一个正常人都具有的一种自然属性，是每个人都具有的一种潜在能力。实际上，人人都有创造的潜能，"创造力人皆有之"。

对任何人而言，只有创造的层次、差别不同，绝不存在有无创造力的问题。事实上，人的才能虽有高低之分，但无天壤之别。一个人如果有开创精神，又能不断进取，是不难做出伟大业绩的。历史上，普通人发明创造的事例不胜枚举。比如，只上了几年小学的爱迪生，一生中完成了上千件发明；图书装订学徒工出身的法拉第，在电磁学和电机发明上做出了重大贡献；在蒸汽机发明中做出划时代贡献的纽科门和瓦特，一个是铁匠，一个是仪器修理工等。俗话说，三百六十行，行行出状元。假如我们相信"天生我材必有用"；假如我们了解了创造的奥秘，提升了创造的能力，那么，我们的智慧潜能必然会释放出灿烂光芒。

（2）克服自卑心理。心理学家认为，自卑是指人们由主观和客观原因造成的妄自菲薄，缺乏自信，认为自己在某些方面不如他人的一种自我意识。具有自卑感的人总认为自己事事不如人，自惭形秽，丧失信心，进而悲观失望，不思进取。一个人若被自卑感所控制，其精神生活将会受到严重的束缚，聪明才智和创造力也会因此受到影响而无法正常发挥作用。所以，自卑是束缚创新的一条绳索，是开发创造力的首要障碍。自卑感强的人，看不到自身的创造潜能，也意识不到这种潜能有待于自己主动地去开发。自卑感常使人只看到自己的短处，看不到自己的潜力和长处，甚至根本不知道自己的长处。他们常常问自己："别人都未成功，我能行吗？"久而久之，他们的自卑感越来越强，极大地阻碍了创造力的发挥。

一个人无论自己的实际情况如何，能够承认自我，就有充沛的自信心去面对创造中遇到的一切困难和挫折。要充分相信自我、肯定自我，只有在充分相信自己有用的基础上，才能做好每一件事。也就是说，只要相信自己能成功，你就会赢得成功；只要相信自己有创造的能力，你就会拥有创造的能力。这话听起来似乎有些玄乎，然而，信心的威力并没有什么神奇或神秘可言。信心起作用的过程是这样的：相信"我确实能做到"的态度，会激发储藏在身体内的潜能（这种潜能或是遗传，或是后天习得，但处于潜藏状态），找到解决问题的新办法，并最终获得成功。

相信自我、肯定自我是获得人生成功的关键。培养自信心，首先应当查明自己信心不足的原因，然后再“对症下药”，进行纠正、补充和增强。增进知识和能力，尤其是提高自身的综合能力水平，是培养和提高自信心的基础。此外，根据心理学的研究成果，从以下几方面进行训练有助于增强自信：

一是心理暗示。信心是一种心理状态，可以用成功暗示予以诱导。具体的做法是反复给自己灌输正面的、肯定的语言，使这些正面的、肯定的语言在潜意识中扎根，从而强化自信心。

二是寻找力量。成功人物的传记和成功奋斗的经历，可以帮助人们找到勇气和力量，从而增强自信。

三是自我分析。将自我因素放在大背景中分析就会发现，尽管有些人比自己强，但有些人，甚至更多的人比自己差。卡耐基曾说过：“当你担心没有鞋时，却有人没有脚。”这种在大背景下进行的自我分析，往往可以使人们跳出个人小圈子的局限，看到前途和希望，从而树立起自信心。自我分析的第二方面，可以通过列举成就来增强自信心。花些时间，仔细回顾人生之路，如数家珍般地一件件列举出大大小小的成功。这些成绩、成功的体验，往往可以使人信心倍增。

世界著名的心理学家阿德勒在《超越自卑》一书中指出，一个人生活的热情来自他对生活意义的把握和理解，来自对生活的态度和对自己的认识。面对现实，接纳自己，你就会获得自信，就会创造一个属于你的奇迹。

大卫·史华兹博士提出了建立自信的五种方法。

1）挑前面的位子坐。你是否注意到，在教堂、教室等各种聚会中，后面的座位是怎么先被坐满的吗？大部分占据后排座位的人，都希望自己不会“太醒目”，而他们怕引人注目的原因就是缺乏自信。

2）正视别人。一个人的眼神可以流露出许多有关他的信息。一个人不正视你的时候，你会直觉地问自己：“他想要隐藏什么呢？”不正视别人通常意味着：“在你旁边我感到很自卑。我觉得不如你。我怕你。”躲避别人的眼神也意味着：“我有罪恶感。我做了或想了什么我不希望你知道的事，我接触你的眼神，你就会看穿我。”正视别人等于告诉他：“我很诚实，而且光明正大。我相信我告诉你的话是真的，毫不心虚。”要让你的眼睛为你工作，也就是专注别人的眼神。这不但能给你信心，也能给你赢得别人的信任。

3）把你走路的速度加快百分之二十五。许多心理学家告诉我们，借着改变姿态与速度，可以改变心态。你若仔细观察就会发现，身体的动作是心灵活动的结果。那些遭受打击、被排斥的人，走路都拖拖拉拉且很散漫，完全没有自信。有一种人则表现出超凡的信心，走起路来比一般人快，像是在短跑。他们的步伐告诉这个世界：“我要去一个重要的地方，去做很重要的事情。更重要的是，我会在15分钟内成功。”使用这种“走快百分之二十五”的技术，可以帮助你建立自信心。抬头挺胸走快一点，你就会感到自信心在增长。

4）练习当众发言。有很多思维敏捷、天资高的人，无法发挥他们的长处参与讨论。并不是他们不想参与，而是因为他们缺少自信心，在会议中沉默寡言的人都认为：“我的意见可能没有价值，如果说出来，别人可能会觉得很愚蠢，我最好什么也不说。不要让他们知道我是怎样的无知。”这些人时常会对自己许下很微妙的诺言：“等下次再发言。”可是他们很清楚自己是无法实践的。每次这些沉默寡言的人不先发言时，他就又中了一次“不可能”的毒了，他们越来越丧失自信。但是就积极面来看，如果尽量发言，就会增加自信心，下次也更容易发言。所以，要多发言，这是自信心的营养素。

5）咧嘴大笑。大部分人都知道笑能给自己很实际的推动力，它是增强信心的良药。但是仍有一些人不相信这一套，因为在他们恐惧时，从不试着笑一下。你若尝试大笑，就可以给你自信心，驱除恐惧、忧虑和忧伤。因此，开发创造力首先要克服自卑感。要做到这一点，就必须端正认识，重新认识自己所具有的潜能，树立自信心。只要自卑的障碍得以突破，自信的信念就会产生，创造活动就会向纵深发展。当然，自信对创造成功固然重要，但没有根据的盲目自信，就是自负、妄自尊大，对创造毫无帮助，有时甚至会阻碍创造。我们提倡的自信，是建立在有理由、有根据上的自信，它从不怂恿人去蛮干，冒无畏的风险，而是鼓励人们去把握那些有根据的机会。

（3）克服遵守规则心理。我们生活在一个由各种各样规则编织成的社会网络中，每一个人都在这个规则之网中思考、活动，从而保证社会的有序发展。在我们的观念中，不守规则是错误的。一个“不守规则”的人，几乎等同于一个“不诚信”之人，在社会上很难立足，更谈不上发展。然而，如果我们真的全心全意地相信这一点，我们很可能成为一个毫无创造能力的平庸之人。因为遵守规则基本上是维护、巩固一种已有的秩序，而创造则必须对已有的秩序有所突破。当人们进行创造性思考、孕育创造性见解的时候，“遵守规则”往往就像一具无形的枷锁，成为创造发明的障碍。因此，只有敢于向规则挑战，克服遵守规则的心理，才能为创造发明开拓出一条康庄大道。创造是对规则的超越，常常需要另辟蹊径。社会之所以发展，科学之所以进步，无不是对原有规矩的超越，甚至是打破。科学的发现和发明如同竞赛，为使竞赛顺利进行，制定某些规则是必要的。但是，“犯规”又是在所难免的。在创造活动中，克服遵守规则心理，敢于向规则挑战、敢于改变规则、敢于探寻和确立新规则就成为创造发明的有效战略之一。

（4）克服遵守逻辑心理。什么是逻辑？简单地说，逻辑就是思维的规则。在正常情况下，人的思维和行为都符合一定的规则。依据这种逻辑的规则，从已知可以推出未知。在科学探索和认识过程中，遵守逻辑规则无疑是减少谬误，寻求正确答案的有效途径。我们时时刻刻都在有意无意地运用着逻辑的力量。但这种神奇的力量又常常制约着我们去发现“新大陆”，去创造新的事物。因为创造往往是对旧的模式和规则的一种否定或扬弃，对许多尚在襁褓中的新创意、新思想来说，它们往往是与原来的逻辑规则不相容，甚至是截然相反的。如果以其“不符合逻辑”来加以否定，对那些刚刚萌芽的创造幼苗来说，无疑是一道剥夺其生存权利的死刑判决书。因此，如果我们在认识和思维中，把是否符合逻辑作为判定其科学性和合理性的唯一标准，以“这不符合逻辑”对一些新的想法断然加以否定，这不仅对创造不利，而且会成为阻碍创造力的一大障碍。

（5）克服迷信权威心理。“权威”在词典里的意思有两个：一个是指使人信服的力量和威望，另一个是指在某种范围里最有地位的人或事物。我们每个人心中或多或少地都有权威情结。一方面，权威情结给我们的生活提供了方便；但另一方面，权威情结又消解了我们的主体性和创造性。因为在权威的鼻息下生活惯了的人们，习惯于听从权威而失去了独立思考的能力；习惯以权威自居的人，常常摆老资格，不思进取。因此，为了培养自己的创造品格，我们在尊重权威的同时，必须警惕权威崇拜，弱化对权威的迷信，克服迷信权威的心理。

权威的产生根源于世界的无限与个体的人认识有限之间的矛盾。世界在时空上是无限的，而单个人无论是从活动所及的空间或是生存延续的时间，都是有限的。有限的生命和有限的活动场所决定了人无法涉及很多领域，对很多东西认识不到或认识不深，不可能成为各个方面的专家。然而，具体的个人可以认识有限的方面，可以在某一领域成为专家。因此，有人对某些领域深有研究，有人对这些领域却是一无所知或是知之甚少，那些深有研究的人说的话、做的事就在特定的条件下总被证明是正确的，因而被人称为权威。一般情况下，听从权威的忠告，就容易成功；不按权威的说法办事，就容易失败。正反两方面的经验，都在强化着权威的地位和对权威的信任，当这种信任达到一定程度后，就成了对权威的迷信。

在创造活动中，迷信权威是一大心理障碍。对权威不能过分信赖，创造来自批判、来自怀疑。我们应当相信并尊重权威，但不能迷信。

如何弱化脑中的权威迷信呢？

第一，正确分析看待权威。我们内在地形成了对权威的迷信，那么，我们在观念中就必须认识到自己已经有了对权威迷信的思维定式。因此，搜寻权威的看法、分析权威的论述时，就需要注意：首先，从时间上思考权威的思想和理论是否过时。按时间的发展来说，任何权威都只是一时的权威，随着时间的推移，旧的权威理论逐渐会被新的理论所取代。其次，从地域范围思考权威的观点是否有普适性。有些权威是从外地引进的，在外地可能很有效，但在本地可能行不通，如果你经常按这种思维方式思考问题，也会少受权威因素的影响。最后，注意识别凭借外力体现的权威。权威的产生有时是微妙的，有些权威是借助某种力量形成的，如借助政治力量、经济力量、名人推荐的力量等，面对这种权威，我们应多多思考，不可盲目轻信。

第二，追求真理，实事求是。要想追求真理，一切从实际出发，就不能迷信权威，就必须具有怀疑的精神。

4. 不向挫折和失败屈服

失败是创造活动中必然要遭遇的现实问题。害怕失败是创造力开发的一个重要障碍，这种障碍主要表现为有人感到失败是一种耻辱，失败被人看不起。在这样的压抑心理状态下，要开发创造力当然是不大可能的。事实上，在成功的道路上往往伴随着无数次的失败与挫折，一举成功的实在太少。如何对待失败、应对困难和挫折是创造力强的人能否取得成功的关键。一位作者曾经写道“失败能培养出进行创造性活动的性格”，因为一个人经受的失败越多，他就越有充分的准备来应对再次的失败。所以，承担的风险越大，成功的机会就越多。

爱迪生说得好：“失败也是我需要的，它和成功对我一样有价值。只有在我知道一切做不好的方法之后，我才知道做好一件工作的方法是什么。”失败是成功之母，作为大学生，勇敢地投身于不断升级的创造潮流之中，是会取得成功的。

5. 培育勇敢精神

勇敢是创造个性中最重要的品质，被誉为创造者的第一素质。勇敢之所以比其他品质重要，是因为任何才干离开了勇敢，就不能上升到创造的水平。马克思有句名言：“在科学的入口处，正像在地狱的入口处一样，必须提出这样的要求：‘这里必须根绝一切犹豫；这里任何怯懦都无济于事。’”创造是有风险的探索活动，创造的最危险的敌人就是胆怯。在创造的过程中，胆怯往往会磨灭想象力和独创精神，会使一个正在叩敲真理大门的人失去发现真理的机会。著名数学家高斯早在 1824 年就创立了非欧几何，但由于胆怯，害怕发表后遭人嘲笑，一直到去世也不敢公布该项研究成果。对公认的东西表示怀疑，除旧布新，需要勇敢；善于想象，提出好像不能达到的目标，然后去努力达到它，需要勇敢；不怕自己的见解同大多数人的对立，甚至冲突，也需要勇敢。进行创造活动，就是要去做别人没想过、没做过或没做成功的事，没有勇敢精神是不行的。

大学生中的多数人有满脑子的梦想，也有惊人的毅力，但常常受传统教育模式的限制而把一切赌注都押在“应试”和死抠书本上，很少有持续“尝试”的兴趣和勇气，所以才会有“高分低能”“缺乏做事经验”等种种不足。摆脱这些“死气”的途径只有一个，就是进行自主探索和创造发明活动。实际上，没有做事之前，什么都困难，因为你既没有做事的资源，也没有做事的经验。如果你开始起步去做事，你很快就会发现，周围的资源并不是特别稀缺，只是它们散乱地分布在生活的各个层面，缺少某种强力因素来凝聚而已。而“思想上的大无畏”精神使人能够冲破传统的束缚，登高望远。

6. 磨砺顽强的意志力

创造是人类最高尚也是最艰巨的事业，要创造成功，必须付出汗水、体力、智力与心血，要以顽强的意志与毅力去为成功而奉献和拼搏。对于创造性人才来说，他们最显著的特征之一就是具有顽强的意志，具有百折不挠、锲而不舍的毅力。许多科学上、艺术上的创造都是“持久战”的产物，若没有顽强的意志是不可能完成的。李时珍为了写出巨著《本草纲目》，博览历代医药文献800余部，踏遍深山老林去寻觅、校对各种草药，前后足足花了27年时间，才完成这部长达12卷的“东方医药圣典”。曹雪芹写《红楼梦》时则批阅十载，增删五次，正如他自己说的“字字看来皆是血，十年辛苦不寻常”。历史告诉我们，只有那些不畏艰险、不惧攀登、不怕挫折的人，才能坚持走到路的尽头，摘到成功的果实。顽强是使创造活动得以在困境中持续发展、在险途上始终前进的强劲动力。因此，要创造成功，就需要坚强的意志力做支撑。

意志力不是天生的，是在实践和奋斗中逐渐培养和锻炼出来的。那么，怎样在实践中培养和锻炼自己的意志力呢？第一，顽强的意志力是建立在对信念和目标的执着追求的基础之上的。创造需要忍耐，需要坚持。而目标和信念是支配人生的无形而深沉的力量，有了这样的目标和信念，才能有足够的意志与毅力去克服创造中的一切困难，从而取得成功。如果没有坚定的信念和远大的奋斗目标，就可能会被困难吓倒，在困难面前退却，表现出软弱、恐惧，而不是战胜一切的勇气。因此，锲而不舍地追求目标，直到最后的胜利，是锻炼意志、迈向成功的关键一步。第二，从失败和逆境中磨砺意志。古往今来，多少伟人和名人，历经磨难，都曾经陷入过失败，但他们能从失败和逆境中奋起，将它们化作成功的动力，从而取得了一个个辉煌成果。第三，培养坚韧不拔的习惯。每天都用坚韧不拔的精神做好当天的事情，这样下去就养成了坚韧不拔的习惯。一些体育锻炼项目，如冬泳、长跑等可以培养我们的意志力。第四，培养自己充足的信心。自信心较弱的人在挫折和失败面前，容易对自己所做的事情产生怀疑，从而失去意志。自信心强的人，会在困难面前表现出坚强的意志力。一次又一次地遭遇困难，一次又一次地越过难关，使他们的意志更坚定，信心更充沛。

在创造活动中，总会遇到各种各样的困难与问题，大学生要用顽强的毅力去克服困难，从而获得成功。

7. 树立正确的目标

目标是创造的前提。如果有一个目标值得你终身去追求、去奋斗，那你就会克服一切困难，忍受一切屈辱和不幸，把自己的所有力量，甚至包括生命，奉献给所追求的目标。因此，大学生要获得创造的成功，必须要树立远大的目标。当然，在确定目标的过程中，要注意目标的正确性、具体性和可行性。

（1）目标要正确。目标正确是创造成功的开端；目标错误，创造就无从谈起，甚至把人引入歧途。所以，走向成功的第一步是制定正确的目标。

（2）目标要具体，要善于确定恰当的目标。创造不是一蹴而就的事情，如果一个目标定得过高，脱离实际，则不易实现，取得创造成功。因此，在达到目标的过程中，可将一个大的目标分解为近期目标、中期目标和长期目标，把创造性活动设置成由低到高、分步实施的“阶梯形”。付出一定努力后，每跨一个台阶，也就完成了一个创造，可以从中获得成功的乐趣，激励创造的自信，从而在融融的乐趣和强烈的自信中步入“创造的大门”，继续进行创造性的活动，实现创造的价值。

（3）制定目标要从实际出发，要有可行性。人们在选择目标时，容易受环境干扰，而忽略了自身的素质条件和现实条件。所以，制定目标要从实际出发，要有可行性。首先，根据个人的气质、兴趣和爱好等选择目标。人的气质与目标设定有密切的关系。胆汁质的人精力旺盛、坦率、刚直、热情，情绪易于冲动，反应较快，具有外向性特征，比较适合从事管理方面的创造活动。多血质的人活泼、好动、敏感，反应迅速，动作敏捷，喜欢与人交往，注意力容易转移，兴趣和情绪易变化，比较适合从事文学、艺术创作活动。黏液质的人稳重、安静、踏实、反应迟钝，情绪不易外露，态度持重，注意力集中、不易转移，忍耐力较强，是一种比较内向的人，较适合从事基础科学研究。抑郁质的人具有孤僻、怯懦、犹豫不决、行动缓慢的特点，办事细心，处世谨慎，善于观察。当然，多数人的气质是一种复合型的。同时，在确定创造目标的时候，还要充分考虑自己的爱好，不要选择那些自己兴趣不大、不爱做的事情为创造发明的目标。人在从事自己喜欢的工作的时候，不会把工作当负担，而是把它当作乐趣，做得越多，就越高兴、越愉快，效率就高，成功的可能性就大。其次，根据现实的能力确定目标。制定个人创造的目标，必须先认识自己的能力，看自己有没有能力达到这一创造的目标，预测目标与现状有多大的距离，凭自己的能力能否消除这种距离。在军事史上，许多战争就败在对胜利目标的急躁冒进，对自身能力或者军事实力缺乏正确的了解。著名的法国统帅拿破仑就是一例，在一定意义上，滑铁卢之败就败在拿破仑对自己的军事实力缺乏清醒的认识。大到一个国家、一支军队是这样，小到个人也是这样。但是，尽管制定目标不能离开自己的能力水平和现实条件，但也不能低于现实能力制定目标，制定目标不能过高或过低，高了没有成功的可能，低了就没有创造的意义。

目标指导着创造，激励着人们为实现目标而努力；目标又是创造的结果，而且只有创造成功，才能实现目标。

8. 保持健康的情感

情感有不同的分类法，或分为爱、恨、快乐、愤怒、恐惧、悲哀、厌恶、羞耻和惊讶，或分为道德感、理智感和美感。情感是创造的动因。在人们的创造活动中，会遇到很多人和事，会引起不同的情感反应。有时是积极的情感反应，如开心、放松、沉醉、快乐、愉快和兴奋等，有时则是消极的情感反应，如沮丧、悲痛、失望、讨厌、忧愁、忌妒和伤心等，种种情况，不一而足。什么样的情感最有利于创造呢？心理学研究表明，乐观、坚定、自信和愉快的积极情感对人的创造活动起“增力”作用。因为在这种积极的情绪下，创造性思维和想象力最容易显现，稍纵即逝的创造灵感也最容易闪现。一个对周围环境、周围事物反应冷漠，没有激情，或情绪不稳定、工作不负责任的人，很难想象他在工作、生活和学习中能有所发现，有所创造。因此，积极的情感体验能使人精神焕发、蓬勃向上，大展创造的欲望，而消极的情感体验则会消磨你的意志，给你的创造活动带来负面影响。大学生要获得创造的成功，就要保持健康的情感。

怎样保持健康的情感呢?

第一，要有创造热情。创造热情不是一般的情绪体验，它是随着创造者对创造目标及其意义的认识而产生的一种积极的情绪体验。它突出地表现在进行创造活动时的情绪体验、动作节奏加快和活动的持续进行。有了持久而稳固的热情，才能推动人去深入地钻研感兴趣的事，从而获得系统而深刻的认识，取得创造的成功。

第二，要有善于驾驭情感的能力。不做情感的奴隶，而是全面地把握、驾驭它。失败时，想到成功的喜悦，失败可以成为成功之母；困顿时，可以静心研究该怎样突破，解决问题的钥匙就在你手上；烦恼时大叫几声，放声高歌，也能使自己轻松。总之，情感驾驭能力较低的人常需与低落的情绪交战，浪费过多的精力与时间，于创造活动不利；而对情感驾驭自如的人则能很快走出人生的低潮，重新出发。

第三，掌握控制情绪的心理方法。情绪是情感的外部表现，情感是情绪的本质内容，因此，培育情感就是掌握控制情绪的心理方法。控制情绪的心理方法主要有四种。一是言语调节法。言语是体验和表现情绪的强有力工具，通过语言可以引起或抑制情绪反应。即使是不出声的内部语言，也能调节自己的情绪。通常挂在墙上的条幅，摆在案头、床边的警句，对控制紧张情绪大有益处。二是注意转移法。注意转移就是把自己消极的情绪转移到有意义的方面。如在烦恼时，欣赏一些能唤起内心力量的音乐，就能收到良好的效果。三是行动转移法。行动转移法就是把某些情绪转化为行动的力量。比如，在创造过程中受挫后，既可使人垂头丧气，也可使人激发发奋的力量。四是意识调节法。意识能够调节和控制情绪的发生和发展。人们以自己的意志力量来控制情绪的变化，用社会规范和理性标准来约束自己的情绪，使自己成为能驾驭感情的人。

第四，要保持乐观的心态。创造是探索未知领域，发现新事物，在创造中肯定会遇到挫折、困难，甚至失败，这必然给我们以沮丧、焦虑、紧张等不良情绪体验。如果因为有困难和挫折，就陷入无穷无尽的烦恼中，那烦恼就永无休止；反之，创造充满乐趣，如果你善于发现积极的一面，努力克服创造中的困难，就可以从创造中享受到极大的乐趣，一边创造，一边享受创造的乐趣，在创造中消解一切痛苦和不愉快。正如一位心理学家所说：“我从来没有遇到过哪一个快乐的人不是投身一项自我以外的工作或事业的。正因为这样的人在生活中有一个使命，他们才不会自私自利、患得患失。对他们来说，快乐是工作和责任的一个伴生物。”

情感可以左右每个人的思维和行动，直接影响到个人成就。大学生在创造活动中不能随心所欲，只凭习惯去运用它，必须用头脑、理智去驾驭它、调适它，使之有益于我们的创造活动。

9. 激发积极的创造动机

动机是激发和维持人们的活动，并使其朝着一定目标努力的内部心理倾向或内部动力。人类任何行为的产生和维持都离不开动机，动机是各种行为的直接推动力。创造是人类活动的一种，和所有活动一样，需要创造动机的激发和维持。一般来说，一个人创造动机的萌动分两种途径：一是由人们内在的需要引发内部的动机，如兴趣、爱好等。这种动机可分为不同档次：最低档次是为了获得一定的利益而萌发的创造动机。较高档次是为满足某种精神需要而萌发的创造动机，如认为发明创造是一种享受，可以获得某种成功感等。最高档次是由伟大的抱负及对人生和世界的深刻理解而激发的创造动机，具有较强的持久性。有了这种动机，在任何情况下，遇到任何困难都可以强制自己去克服，因而是最宝贵的一种创造动机的形成途径。二是人们在外界的要求和外力的作用下所产生的行为动机，即外部动机，如上级交给的指令性科研课题、领导委派的开发任务等。一般有一定责任心的人，也可以在一定的时期维持较强的创造动机。这表明，作为领导者经常给下属一些创造性的课题任务不失为一般人开发创造力的好途径。在众多科学家、发明家和企业家的传记中，我们发现，他们都是很有活力、目标明确的人。他们的目标既有外在的，如金钱、权力和名誉；也有内在的，如自我表现、自我挑战等。所有这些动机使他们能够专注于自己的工作，最终取得丰硕的创造性成果。在科学研究领域中，他们发表的论文比别人多；在工业领域中，他们发明的东西比别人多，经营的事业比别人兴旺。作家夏洛蒂·肯德勒在《最大的诱惑》一书中，对一些成功人士进行了专访，他总结说："对所有这些成功的人来说，生活中最大的诱惑就是工作。"在这些成功者看来，"生活有了目标，运气就会随之而来""你心中要拥有一个梦想，这样你早晨才能起床"。

大学生要发挥创造潜能，真正做出创造性的成果，获得创造的成功，必须要培养和激发创造动机。而要培养和激发创造动机，最根本的是要有强烈的创造欲和社会责任感，这是激发创造动机产生的思想基础。

首先，要有强烈的创造欲望。哲学家埃瑞克·霍夫认为，欲望具有富有创造性的一面。"人们总是说才华会为自己创造机会，但有的时候似乎是强烈的欲望为其才华创造机会。"有追求和可以满足的欲望，你才可能有足够的动力去想、去收集信息和资源，去探索和构想各种创意和解决方案；以消极的态度来对待金钱和成功，对待自己的欲望和追求，它将会约束我们自己创造力潜能的发挥。转变观念，走出传统教化的误区，去积极地追求和创造自己梦想的东西，就一定可以借助于自己的创造力潜能赢得更多的财富和资源，获得更多的成功和名望。

其次，要有社会责任感。优秀的发明家总是把献身发明创造活动、造福人类作为自己的崇高理想。爱迪生说过："我的人生哲学是工作，我要揭示大自然的奥秘，并以此为人类造福。我们在世的短暂一生中，我不知道还有什么比这种服务更好的了。"正是造福人类这一崇高理想，塑造了许多伟大的形象。著名化学家诺贝尔曾豪迈地说：“我是世界的公民，应为人类而生。”诺贝尔终身实践着自己的诺言，他对人类最大的贡献是发明了硝化甘油炸药。在试制炸药的过程中曾多次发生爆炸，1864 年 9 月的一次严重爆炸使工厂被炸毁，诺贝尔的小弟和 4 名工作人员一起丧生。尽管诺贝尔也多次被炸得浑身是血，但他从不灰心，从不退缩，勇敢地面对死神。因为诺贝尔心里十分清楚，炸药一旦用于生产，将给人类创造极大的财富。

10. 确立正确的信念

信念是个人对某种观念的执着，意味着个人对某种观念的深刻理解，并对其怀有深刻而持久的情感体验，它使人的行为具有明确的目的性，表现出很强的意志力。人们的创造活动一般是在某种信念的强烈支配下完成的。因为在追求目标的过程中，必然会有许多挫折和困难，要想坚持到底，不半途而废，必须有很强的信念作为支撑。

创造需要信念，信念能使一个人产生积极的心理状态和行为，能不畏艰险、不怕挫折去战胜困难，从而取得创造的成果。但信念是多种多样的，有科学的信念，也有非科学的信念；有积极的信念，也有消极的信念等。但并不是所有的信念都是创造活动需要的。要想获得创造的成功，首先，应该树立科学的信念。袁隆平等科学家之所以能成功，就是因为他们的信念不是凭空而来、任意幻想的，而是来自实践，是建立在科学依据之上的，由于一开始就有坚实的基础，这就为以后信念的坚持并取得最后的胜利奠定了基础。其次，应该树立积极的信念。一个人的信念既可以是积极的，也可以是消极的。积极的信念能使人乐观向上、朝气蓬勃，消极的信念则会使人退缩畏惧、丧失斗志。从成功者的信念来看，他们始终充满了斗志，充满了积极乐观的精神，因此，信念成为引导和鼓舞他们朝着既定目标前进的指路明灯和推进器。最后，应该树立坚定不移的成功信念。在向目标迈进的过程中，肯定会遇到很多困难和障碍，这是对信念的最好考验，创造成功者能克服这些困难和障碍，把困难和障碍当作机遇和动力，从而越战越勇，越战信念越坚定。大学生要树立科学的、积极的、坚定的信念，使其成为创造成功的巨大精神支柱。上述各种描述和假设揭示了创造力强的人的人格特征。不过，所有这些看法和概括都只能看作一种假说，只能看作一种努力完善的理想个性。在某种意义上可以这样讲，你修炼出了这些理想品格，你同时也就开发了自己的创造力。

## 三、就业能力

就业能力是指大学毕业生在校期间通过知识的学习和综合素质的开发而获得的能够实现就业理想、满足社会需求、在社会生活中实现自身价值的本领；也指人们从事某种职业所具备的能力，包括基本就业能力与特殊能力。美国教育与就业委员会关于就业能力的定义是：就业能力是获得和保持工作的能力，进一步讲，就业能力是在劳动力市场内通过充分的就业机会，实现潜能的自信。就业能力的定义虽然各不相同，但总的来说，就业能力是一种与职业相关的综合能力。

### （一）就业能力培养的必要性

就业能力是一种综合能力。关于就业能力具体包括一些什么能力，至今仍没有定论。有人认为，在内容上，它包括学习能力、思想能力、实践能力、应聘能力和适应能力等。还有人认为，使大学生顺利就业应具有五个要素：一是就业动机及良好的个人素质；二是人际关系技巧；三是掌握丰富的科学知识；四是有效的工作方法；五是敏锐、广阔的视野。还有的研究者认为，就业能力的关键项目包括责任感、找工作和得到工作的技能、推理和解决问题的能力、健康和安全习惯、个人特质等。

在校学习期间，大学生要清醒地认识到只有练就过硬的就业能力，今后才能为自己找到理想的生存环境，进而达到服务社会和实现自我价值的统一。如果大学生不能就业，就会成为社会的负担，更谈不上自我价值的实现，也谈不上报效祖国。

### （二）就业能力培养的主要途径

1. 遵守大学生就业准备的原则

就业准备是未就业者为了能从事某种职业或获得某种职位，在一个相当长的时期内所做的准备工作。对于大学生来说，它是就业的基础和前提，是非常重要的。一方面，就业准备是大学生求职、择业的基础。大学生只有进行了必要的就业准备，才有可能产生相应的求职、择业行为；做好了充分的就业准备还有助于大学生选择一个理想的、合适的职业，实现就业目标。另一方面，就业准备是社会发展的客观需要。随着社会经济的繁荣和科技的进步，社会职业对从业者的身体素质、心理素质、思想素质、科学文化素质等提出了新的要求。这就决定了大学生只有做好充分的就业准备，才能适应社会发展对人才的客观需要，更好地为社会做贡献。大学生经过多年的勤奋学习，掌握了一定的知识和技能，最终将走向社会，实现其人生理想与追求，成就一番事业。因此，选择职业是人生的一件大事。对当代大学毕业生而言，正确的职业选择有利于发挥自己的才智以报效祖国，也能为实现个人理想与抱负提供更广阔的天地。

职业选择是大学生在一定职业需要的策动下根据社会需求所做出的选择行为。为使职业选择不脱离现实，又能满足自己的理想，大学生择业除了要树立正确的就业观念，深刻领会国家制定的大学生就业政策外，还要注意把握一定的原则。

（1）服从国家需要，适应社会需求。作为受党和国家培养、教育多年的大学生，在选择自己的职业时，应该把国家利益和社会需要放在首要位置加以考虑，把个人意愿和社会需要结合起来，把个人理想融入祖国和人民的共同理想之中。当个人利益与国家利益发生矛盾时，要顾全大局，服从国家需要。因为大学生虽然以不同的方式憧憬并塑造着自己所期望的未来，但毕竟还是生活在社会中的。只有把个人利益和国家利益、个人意愿和社会需要紧密结合起来，才能使自己真正融入社会中，成为被社会承认的人才，从而实现个人的远大理想。

目前，西部大开发、振兴东北地区等老工业基地、西部地区“两基”攻坚、推进农村卫生服务体系建设、“大学生志愿服务西部计划”等都是国家大力支持的项目；能源、交通、原材料、通信、国防、航空航天、农林等部门或行业是我国国民经济建设中的发展重点；大力发展第三产业，是我国经济发展的一项战略决策。在未来几年，这些势必将成为我国人才需求的主要市场。所以，大学毕业生在选择职业时，应该首先立足于这些国家需要和社会需求的大局。

（2）面对现实，客观评价自己。随着社会主义市场经济的发展，人才的竞争将越来越激烈。

1）总体就业形势严峻。城镇新增劳动力以及下岗工人再就业、农民工返城、大学生就业的“三峰叠加”，尤其是高校毕业生总数的增大，造成总体的就业形势比较严峻。这就要求大学生必须正确认识自己，并根据社会需要来调整自己的知识结构，不断充实、完善自己，努力为自己创造适合社会需要的条件。

2）正视双向选择的客观现实。用人单位从实际工作需要出发选择人才，并分层次择优录用求职者，大学生必须正视这一客观现实：在你选择用人单位的同时，用人单位也在选择你。就总体而言，虽然社会对大学生的需求在不断增加，国家为大学生就业创造了更加宽松和良好的环境，尤其是在政策方面，积极支持、鼓励推动和促进毕业生就业和创业，但是具体到某个地区、某个学校、某个专业，情况就不尽相同了。

3）社会需求的变化。因为社会发展变化迅速，不同时期的人才需求数量和模式也有很大变化，更何况经济活动有一定的波动性，一定阶段的生产力发展水平和社会劳动分工结构会直接影响用人单位和社会对专业人员数量、规模、质量及所学专业的要求。人才的社会总需求情况是大学生在择业时必须认真面对的现实。

大学生应该现实地分析自己所处的择业环境，了解国家的有关政策、正在实施的改革措施及发展趋势、劳动人事管理办法及动态、用人数量和标准等，还应该尽可能全面、详尽地了解有关的政策和法规。

每个大学生都应该对自己的能力有一个客观、公正的评价和正确的认识，知道自己有什么兴趣、爱好、知识、能力、性格、气质、特点，客观地考虑自己能干什么和不能干什么，这就是所谓的“知人者智，自知者明”。只有这样，毕业生才能避免盲目择业。

（3）主动求职，把握主次。毕业生就业制度的改革，使大学生在择业过程中更能发挥自己的主观能动性。大学生要想得到理想的工作，就必须主动参与，敢于竞争。这就要求我们一方面要主动把握择业契机，多方面收集用人单位的需求信息，大胆地向用人单位推销自己，而不是消极地等待学校推荐，等待别人给自己落实工作；另一方面要根据自己的意愿和社会的需求来主动调整自己的知识结构，充实自己，提高能力，积极创造条件接受社会的选择，提高自己在择业竞争中的优势。

在择业过程中，摆在每个大学生面前的方案都是多方面的。如工作地点、单位性质、工作条件、生活待遇、使用意图等。毕业生在选择时不可能达到事事遂心所愿，正所谓“鱼与熊掌，不可兼得”。所以，在择业时必须把握好主次，首先满足自己最看重的选项，同时还要从是否有利于个人才能和作用的发挥、自己是否能够胜任单位即将安排的工作出发来进行选择，切不可因一味求全、急功近利、好高骛远而错失良机。

（4）择业的发展性原则。大学生在择业时，既要考虑个人的发展，又要考虑社会的发展；既要考虑眼前，又要考虑长远；既要有利于现在的发展，又要有利于将来的发展。所以，大学生一定要结合自己的情况，选择有发展前途的职业和单位，防止短期行为。但同时又要看到，社会是在不断发展变化的，每个大学生所处的生活和工作环境也在不断变化，因而职业目标的选择不应该也不可能一次定终身。所谓的“从一而终”，在现代市场经济条件下对个人和社会都没有益处，也是不可取的。

因此，职业选择应处在动态过程中，在暂时没有适合自己的工作单位或岗位的情况下，可以考虑一些条件相近的单位和职业，或索性选择到基层锻炼，牺牲眼前利益以积累基层工作经验，为将来的进一步调整和发展做好准备。从这个角度来讲，大学生大可不必为一时找不到“理想”的接收单位而苦闷，也不必为自己“迫不得已”所做的“不理想”的选择而懊悔。在遇到与某个接收单位签订了就业协议之后，又遇到了一个“更好的”单位的情况下，置一切政策和规定于不顾，不计任何后果和代价，采取一切方法和手段去违约，以图高就的行为，更加不可取。

2. 大学生就业准备的注意事项

（1）及早进行就业准备。随着就业市场的不断完善，用人单位对大学生素质的要求比以前更高，用人单位在挑选毕业生时，不仅考察毕业生的专业素质和能力，而且非常重视其非智力因素。而素质和能力的提高并非一蹴而就，需要长期培养。因此，大学生应为就业早做准备，尽早规划在校的学习和生活，根据社会需要塑造自己，按照用人单位的要求充实和完善自己，不断提高自身的综合素质，为日后的就业做充分准备。

早做准备，学习就会有明确的目标。就业准备应从低年级开始，低年级学生可以通过参加宣讲会提早进入就业准备状态。目前各类用人单位的宣讲会如火如荼地进行，低年级的学生应有选择地参加宣讲会，通过参加宣讲会了解感兴趣的用人单位的隶属关系、性质、人才结构、发展前景、招聘程序、用人理念、看重的素质、企业文化等，根据对用人单位看重的素质有目的地进行相应的培养和提高，为择业决策做好充分准备。

（2）及时、准确地获取就业信息。大学生求职、择业不仅取决于整个社会的政治、经济状况以及自身的能力素养，也取决于是否拥有就业信息。所以，就业信息是求职、择业的基础，谁能及时获取信息，谁就获得了求职的主动权。

就业信息可以帮助学生确定择业去向，帮助学生选择工作单位。

首先，要及时、深入地了解国家、地方及行业的就业政策和学校的就业管理规定，熟悉毕业生就业工作的主要程序及在各就业环节实施过程中应注意的问题。

其次，要及时了解就业形势，即就业环境的变化、相关专业毕业生的就业状况、就业趋势预测以及相关部门发布的有关毕业生就业情况的统计数据。了解和掌握这些信息，可以帮助大学生正确判断当前就业形势，确定合理的就业期望值。

最后，要及时了解市场的需求信息，即用人单位需要的专业、学历层次、个人能力和需要人数等信息。收集就业信息应力求做到及时、具体、准确。任何信息都有时效性，收集信息必须及时，不能事到临头再去抱佛脚，要早做准备；信息要具体，尤其是用人单位的地点、环境、人员构成、发展前景、对新进人员的基本要求等各方面的信息，掌握得越具体越好。

只有做到知己知彼，才能达到百战不殆。知彼就是要了解就业形势、就业市场、用人单位，最重要的是寻找与自己的条件相符的单位，即主动、及时、准确、全面地收集有关信息，知道哪些单位需要人、需要什么类型的人、有什么要求以及单位效益和发展前景、工资待遇和福利如何等。

（3）认真分析就业市场，确定合理择业期望值。成功择业就是选择市场所需并且与自身专长相吻合的工作，以便对自己的整个职业生涯有所裨益，并能谋求自身的发展。因此，大学生应该认真分析市场需求、个人特长与职业理想，并将市场、个人、薪资三方面因素结合起来考虑，合理地调整择业期望值。

目前，不少毕业生片面追求高薪资、热门地区的工作或者漫无目的地找工作，整天忙于赶招聘会、投简历，认为“找份好工作不容易”，常为“我要找什么工作”而困惑，而找到工作后又为“我是否需要改变工作”而迷惘。其原因就是没有在市场的需求、自身的特长中找到一个最佳的结合点，没有一个明确的就业目标。

大学生在对市场需求、个人特长与职业理想进行分析时，应当首先回答诸如：这类人才的需求是长期的还是短期的，这类工作从长远的角度来看是否稳定，这类工作的发展空间如何，从事这类工作一段时间后自己的能力会不会有所提高，与自身的特长、兴趣、志向是否相近，对自身的职业生涯是否有好处，这类工作薪资发展状况如何等问题，然后确定自己的目标，并通过努力达到自己的目标。

（4）增强择业自信心，积极把握就业机会。择业目标确定之后，大学生在实现这一目标的过程中，一定会遇到这样或那样的问题和困难，经受事先预想不到的考验。有些毕业生可能会因此而产生思想压力和心理上的不平衡，在这种情况下，具有坚定的自信心是非常重要的。也许自己的知识和能力尚有欠缺，但要相信自己能够胜任工作，并且能够在最短的时间内掌握新知识、具备新能力。现在，技术创新日新月异，对任何人来说，都需要不断地学习，不断地充实自己。因此，只要有信心，通过努力就一定能成功。此外，大学生可以用自己的特长去争取主动，并积极弥补不足之处，消除择业竞争中的被动局面。

3. 大学生就业的思想准备

如果有了充分、正确的思想准备，对于进行就业准备的大学生来说就意味着有了一个良好的开端，往往可以起到事半功倍的效果。大学生可以从以下几个方面来进行思想准备。

（1）进行客观的自我评价和准确的个人定位。自我评价既是大学生职业规划的前提，也是就业准备的重要内容。所以，大学生应该对自己进行客观、准确、符合实际的自我评价，即对自己的知识水平、个人能力、心理、性格、气质、兴趣、爱好、优缺点、价值取向等进行全面、客观的评价。个人定位是指大学生对自我现状的认识以及对自己今后所从事工作及工作能力的判断（也可以称为就业期望）。可以说，客观的自我评价是准确的个人定位的基础。从心理学角度看，人在进行自我评价的过程中，往往存在着刻意回避自我不足的潜意识，从而造成过高的自我评价。另外，我国传统文化氛围里的谦虚意识也可能造成过低的自我评价。过高或过低的自我评价都会造成个人定位的偏差，使大学生的职业历程变得坎坷。

大学生如何进行客观的自我评价和准确的个人定位呢？在此提供三种方法。

1）罗列法。个人对自我的知识水平、能力、智力、气质、性格、兴趣、爱好、心理、优缺点和价值取向等各个方面逐条进行罗列。罗列法对于比较清楚的、可以客观衡量的指标而言，如知识水平、学历层次、能力等，一般来说不太容易出现偏差；对于一些模糊的指标，比如性格、气质等，本人则往往难以做出客观、清楚的判断，这就好比“不识庐山真面目，只缘身在此山中”。对于这些自身难以做出客观判断的指标，可以通过听取家人、朋友、同学、老师的意见等途径，做出正确判断。

2）工具量表法。目前有不少用于测试人的心理、性格和价值取向等的测试题和测试量表，通过被测试者对一些具体事情的选择，可以判断测试者的性格、气质类型等。比较常用的测试量表有：①艾森克人格问卷；②卡特尔人格因素测试；③加州心理量表；④爱德华个性偏好量表；⑤霍兰德职业兴趣量表；⑥霍兰德职业能力量表；⑦中国大学生情商量表；⑧团体智力测验；⑨认知方式测验；⑩创造性思维测验。

工具量表法的结果相对较为客观，有一定的参考价值。

3）软件测试法。此方法是通过人机对话，在计算机（单机或互联网）上完成测试，其实质与工具量表法相同。

以上三种方法互有优、缺点。罗列法简单易行，结果可能有一些偏差，但基本无须费用；工具量表法既适用于本人测试，也是不少职业咨询部门使用的方法，结果较为客观，但是需要一定的专业知识和费用；软件测试法结合了前两者的优点，是一些职业咨询公司的常用方法，费用相对较高。大学生可以根据自己的实际情况，从中选择相应的方法进行自我评价。目前，有一些高校的就业指导部门开始对在校大学生提供职业规划、就业咨询和指导等服务，其中包含了一些测试，大学生可以前去咨询。有了客观、公正的自我评价基础，就可以进行相对准确的个人定位，从而明确个人发展的奋斗目标。有了准确的定位，大学生就可以判断出自己是理论知识丰富，还是动手能力强；自己是适合从事科研工作，还是更适合从事产品销售工作。

大学生的个人定位在很大程度上受其就业期望值的影响。当前大学生的就业期望值是否普遍偏高，目前没有权威部门和机构进行过调查。但可以肯定的是，至少有一部分大学生的就业期望值偏高。他们认为自己是同龄人中的佼佼者，应该有一个灿烂的前程；一心希望留在大城市、政府机关工作，而且收入要高。他们的想法本无可厚非，只是他们可能没有注意到目前中国的高等教育正由精英化过渡到大众化，他们的观念没有跟上时代的变化，结果往往为找不到理想的工作而郁闷和苦恼。可见，对于就业期望值偏高、个人定位不切实际的大学生来说，适当地降低就业期望值、准确地进行个人定位是非常必要的。

（2）树立远大抱负，将个人发展同祖国建设大局结合起来。大学生是建设祖国的栋梁，理应以大局为重，响应党的号召，到西部或基层去、到祖国和人民最需要的地方去建功立业，将自己的职业发展和未来融入祖国的发展和建设中，在为社会主义事业奋斗的同时，实现个人理想，体现自身价值。大学生应该积极参与政府支持的西部大开发、振兴东北地区老工业基地、西部地区“两基”攻坚、推进农村卫生服务体系建设等重大项目。在国家大力支持的项目中，“大学生志愿服务西部计划”备受大学生的关注。

从长远来看，大学生响应国家号召，将自己所学的知识运用到基层实践中去，既可以开阔眼界、磨炼意志、增长才干，也能为祖国做出贡献，自己也会受益终生。

（3）应该处理好几个问题。“鱼，我所欲也；熊掌，亦我所欲也。二者不可兼得，舍鱼而取熊掌者也。”这是孟子的一段话，讲述了人在处理矛盾关系时的选择策略。大学生在就业时不可避免地也会遇到一些类似的问题。比较有代表性的有：

1）要稳定还是要挑战。到底是选择稳定的工作还是选择富有挑战性的工作呢？其实没有一个标准答案。因为各人的目标、兴趣不一样，选择的答案就不能一概而论。

稳定的工作意味着稳定的收入、规律的工作时间、按部就班的晋升和较为固定的人际圈。一般来说，工作压力不太大，时间较为宽松。但是，几乎一成不变的环境和工作内容很容易让人厌倦，所以需要更多的耐心。建议具有一定耐心的、希望工作和生活相对稳定的大学生选择此项工作。

从事富有挑战性的工作意味着从业者需要肩负更多的工作压力和更大的风险、相对紧张的时间安排，需要付出更多的精力，同时需要一定的心理承受能力。但是，当顺利完成工作后获得的成就感和满足感也是难以用语言表达的。建议不安于现状、富有想象力且具有较强心理承受力的大学生选择此项工作。

2）从事专业还是转行。从事与所学专业高度相关的职业，所需投入的成本（指时间、精力、经费）都会较小，而且成功的可能性相对较高。从事与所学专业没有联系的职业，需要从业者投入大量的时间、精力（甚至包括经费）来学习和掌握与本职工作相关的知识和技能，这就形成了职业成功的机会成本。大学生应该结合本人的实际情况，认真考虑这种成本。

随着社会的发展，一些新兴行业和职业应运而生。这些行业和职业对于所有的人来说都是全新的领域，基本上没有太多的经验可以借鉴和参考。但正是因为其新，竞争对手少，所以从业者成功的可能性也就更大。

3）要感情还是要事业。每个人的价值取向是不同的。有的人以事业为重，先立业再成家；有的人以家庭和感情为重，为了家庭或感情可以放弃自己心目中理想的职业目标。即使是同一个人，在他人生的不同阶段，所追求的目标也可能会发生变化，所以，同一个人不同时期的选择也不一定相同。

大学生在进行就业准备时，最好能够明确每一个阶段的目标，权衡事业和家庭、工作及生活在各个阶段的位置，权衡为了职业上的发展可以放弃哪些个人生活，或是为了家庭或感情可以放弃哪些职业机会。

大学生是一个年轻、富有朝气和创造力的群体，应该首先以事业为重，在感情和事业之间，首先要选择自己理想的事业。

（4）必须具备一定的安全意识。进行就业准备的大学生在思想上要有一定的安全意识，在就业过程中尤其需要注意安全问题。目前，有少数非法传销组织将目光锁定在大学生身上，他们以招聘员工、进行面试等手段诱骗大学生，非法限制受骗大学生的人身自由。

大学生应该增强自身安全意识，提高辨别能力，并从以下几个方面多加留心，避免受到不法分子的侵犯，以保障自身安全。

1）及时查证用人单位的情况。可通过当地的亲友、校友及用人单位的主管部门等多种渠道了解用人单位的具体情况和资质，如地址、电话、工作性质、是否真的招聘人员等。通过这种方法可以过滤掉绝大部分虚假的用人单位和用人信息。

2）对要求上门面试、实习的单位要多加小心。对于几乎没有什么限制条件，而且时间要求非常紧迫的用人信息一定要加倍小心，不可轻易答应。另外，外出面试、实习前，一定要告知学校和家人自己的去向、联系方式。最好能够多人结伴而行，并与家长和学校经常保持联系。

3）注意保护自己的个人信息。如果准备在网上登记求职信息，在准备个人材料时，大学生应该注意保护自己的个人信息，如联系方式、身份证号、家庭地址、家庭成员等。可以留下一个无关紧要的，但是可以使用的联系方式。

4）遇到危险情况时要及时寻求援助。

4. 大学生就业的知识准备

职场中，有两种类型的大学毕业生最受用人单位的青睐。第一种是“通才”，即熟悉、掌握数个专业知识的人才，这样的大学毕业生可以适应数个岗位的工作；第二种是“专才”，即精通某一个专业领域的人才，这样的大学毕业生稍加培养就可以迅速成长为业务骨干。不管是“通才”还是“专才”，他们都具有较高的知识水平。可见，知识水平的高低对每一个准备就业的大学生来说是非常重要的。它直接关系到大学生能否找到满意的工作，能否将自己规划的职业蓝图变成现实。大学生可以从专业知识和非专业知识两个方面来进行就业的知识准备。

（1）重视专业知识学习。大学生的专业知识学习贯穿其整个大学时期。大学生应该高度重视专业知识的学习，因为这是大学生在就业时拥有的最重要的资本之一。“专才”之所以“专”，就是因为他们的专业知识有相当的深度，而钻研高深的专业知识必须具备良好的专业基础。所以，大学生应该从进校起就努力学好基础知识，只有具备了扎实的专业基础知识，才能进入下一步的专业研究。在学好本专业的同时，大学生不妨学习一些相关专业知识或是自己感兴趣的专业知识，这既可以充实自己，开阔眼界，也可以把自己打造成“一专多能”的人才。

大学生在进行专业知识的学习时，要注意知识的系统化和结构化，要善于积累，同时也要注意知识的更新，要根据社会的发展和需要及时调整自己的知识结构，并将理论知识与实际工作、生活联系起来。

（2）注重非专业知识的准备和运用。非专业知识是相对于所学专业知识以外的其他知识的统称。非专业知识是构成大学生知识体系不可或缺的一部分，包括公共知识、生活常识、待人接物的礼仪、求职面试的技巧等，常常是用人单位考核大学毕业生的内容之一。

现在有不少职业都对应试者提出了资格准入的要求，其中一部分就是非专业知识方面的要求。如每年都有许多大学生报名参加的国家公务员考试。大学生可以根据自己的职业规划，有针对性地着手准备。

一些日常生活中的小常识也是大学生就业准备时应该注意的地方。有时一些细节就可以左右单位考核人员对应试者的看法，而且有些用人单位的招聘人员会专门通过细微之处来考察应试者。

在非专业知识的准备上，大学生需要注意的地方有：

1）了解应聘单位的基本情况和相关知识。

2）衣着得体。选择适合职业环境的着装，如职业装，保证衣着整洁、大方。

3）遵守时间。提前到达面试地点。

4）表情自然，举止得当，不卑不亢。

5）注意礼节，感谢每一位帮助你的人。

6）要有自信心。

7）控制自己的情绪。

8）紧张的时候，尽量用简短的语言表达自己的观点。

9）把握主动，展现自己的特长。

总之，大学生要加强并巩固专业知识的学习，积累非专业知识，综合利用所有知识，完成就业的知识准备。

5. 大学生就业能力准备

能力是直接影响活动效率、使活动顺利完成的个性心理特征。大学生需要具备多方面的能力，其中与就业能力直接相关的有：

（1）表达能力。表达能力包括语言表达能力和文字表达能力，这是大学生应该具备的基本能力。作为人与人之间最主要的交流工具，在日常学习、工作和生活中，语言和文字所起的作用无可替代。不论今后从事管理工作还是技术工作，不论是在政府机关还是在民营企业，不论是用语言还是用文字，清楚、准确地表述是十分必要的。用人单位对大学生表达能力的基本要求是：能用准确、流畅的语言讲述事实，表达观点；能够撰写计划、总结、调查报告、公函等文书。大学生可以通过日常训练、参加专门的培训等方式来提高自己的表达能力。

人们通常会对熟悉的、生动形象的、特点鲜明的信息产生积极的心理反应，而且印象深刻。所以，在表述时使用一些生动的、幽默的语言，列举具体的事例和数据，可以增强语言的说服力和感染力，也会让人记忆犹新。

（2）逻辑思维能力。用人单位常会考察应聘者的逻辑思维能力。这种考察不是考核应聘者的逻辑专业知识，而是考核应聘者对各种信息的理解、判断、分析、综合、推理等逻辑思维能力。即使有些大学生不具备相关的专业知识，但仍然可以有较强的逻辑思维能力和运用能力。

（3）沟通能力。沟通是指信息的传递和理解。沟通的形式多种多样，最主要的方式是语言沟通，包括口头和书面语言、本地语言和外语以及其他语言符号（如网络语言符号）等。除了语言以外，非语言方式的沟通也是沟通的重要组成部分。非语言沟通包括衣着、表情、神态、姿态、动作、距离等。非语言沟通也常被称为身体语言。在人际交往过程中，语言沟通和非语言沟通是并存的，两者相互补充、相互印证。一般情况下，两者是一致的。但是，当两者相互矛盾时，人们大多愿意相信非语言沟通传递的信息。比如，某应试者自称专业如何精深，却在被问及专业知识时抓耳挠腮、支支吾吾。这个时候，招聘人员更愿意相信应试者说的不是真实情况。能够准确、高效地将信息传递给信息的接收方，并能正确理解对方传递的信息，这是对大学生就业必备沟通能力的要求。

（4）决策能力。一个独立处理问题的过程其实就是一个决策的过程，因此，决策能力就是独立处理问题的能力。

（5）实践能力。大学生的实践能力直接影响到工作能否顺利完成。因此，用人单位一般对大学生的实践能力有较高的要求。一些眼高手低、只有理论没有实践经验的应聘者是不受用人单位欢迎的。

大学生应该创造并珍惜每一次实践的机会，多看、多听、多练、多思考，培养自己的实践能力。

（6）应变能力。应变能力也可以理解为处理突发事件的能力。在紧急情况下，如果事态得不到迅速控制，后果可能不堪设想。这就要求应对者具有一定的应变能力，要临危不乱和快速决断。

人生在世，谁都想成就一番事业，实现人生价值。然而，事业的成功是实力与机遇共同作用的结果。机遇总是青睐那些做好准备的人。大学生活虽然是人生中不长的几年，却是最弥足珍贵的，有人在这里奋起，也有人在这里迷失。在大学期间做好就业准备，不断完善职业规划，可以让你理性地选择职业，把迈出的每一步都作为成功的起点，最终实现自己的理想。

知己知彼，百战不殆；正确抉择才能走向成功、实现理想。大学生在进行就业准备时，应不断分析自我、了解自己、分析环境、了解职业世界，使自己的性格、兴趣、特长与职业相吻合。不要强求一蹴而就的际遇，必须考虑到渐进的可能。一蹴而就更多时候只是美好的愿望，路总是曲折漫长的，情况也许会很复杂。但是，只要有科学、合理的职业规划做指导，只要认真、执着地准备，全力迎接挑战，相信无论在什么地方、什么岗位，只要坚持不懈，一步一个脚印，就一定会成功。

# 第五章　大学生就业过程中的心理准备

## 第一节　树立正确的就业观

所谓就业观，一般是指人们选择和从事某个职业时的情感、态度、评价标准和价值取向的综合，是一个人的人生观、价值观、世界观等在对待职业问题上的重要表现。理性地分析当前大学生“就业难”问题，会发现不仅受客观经济发展等因素的影响，而且大学生的就业观中普遍存在着就业观念理想化、功利化等问题，在职业选择方面也会起到重要的心理定向作用，一定程度上影响了大学生顺利就业，因此树立正确的就业观尤为重要。

### 一、影响大学生就业的主客观因素

#### （一）客观因素

（1）就业人数激增与就业市场达到超饱和状态的矛盾。一方面，2009年全国高校毕业生人数超过600万，这些毕业生需要就业，另一方面，很多企业削减甚至取消了校园招聘计划。这“两重压力”对于即将要毕业的大学生而言，是相当现实而又棘手的。

（2）高等学校专业调整滞后与市场需求不相适应。很多高校的专业设置和调整不是面向市场需求，而是单纯立足于自身师资条件，招生和专业设置与市场需求脱节。

（3）毕业生择业期望与用人单位实际需求的矛盾。一方面表现为大学生就业的薪资期望与用人单位所提供的实际待遇之间的矛盾；另一方面表现为大学生的自我意向与用人单位实际需求之间的矛盾。所以出现大学生就业市场“就业不难、择业难”的现状。

#### （二）主观因素

对于当代大学生自身而言，最大的问题是不了解自己，不知道自己想要什么，不知道自身的优势、劣势是什么，所以，也就很难对自己的职业道路做出正确的判断和规划。

影响职业选择的主观因素还有落后的观念和就业意识。

1. 就业观念

就业观念既有正确与错误之分，也有新旧之别。旧的、落后的观念如果跟不上时代的变化和社会的需求，就会影响我们的视野，阻碍我们的发展。要想让我们的观念更新得快，就必须做到“易接勤取”。“易接”就是我们要能很快地接受新的理论、新的观念，充分思考，并能从中找到对自己有用的部分为自己服务；“勤取”即常常给自己创造接受新观念的条件，不能坐享其成，大学生就业中的“一步到位”“等、要、靠”等思想就是陈旧观念的表现，持有这种观念的学生，不仅在思想上落后于人，可能在工作中也会永远落后于别人。

2. 就业意识

就目前情况看，并不是没有足够的岗位供大学生选择，而是大学生对就业岗位的期望值过高，不甘心屈就于某些工作岗位。具体表现如下：

（1）对自己的角色定位不合理。虽然现在高等教育已经从“精英教育”转变到“大众教育”，社会对大学生的要求从知识型转向应用型，要求学生不仅要掌握专业知识，还要掌握适应于社会的基本劳动技能和生存技能，但还是有很多大学生很有优越感，不愿意承认自己是就业劳动大军中的普通一员。

（2）对职业评价不准确。职业只有分工不同，没有高低贵贱之分。但很多大学生还是摆脱不了轻体力劳动或服务性劳动的传统思想影响，抱有计划经济时代“一步到位”的传统就业观念，不懂得根据社会发展的需要，选择适合自己的职业。

（3）对社会分析不科学。大学生对社会所急需的人才种类以及对人才的素质要求不了解，往往还是以学生的标准来衡量自己。

3. 就业心理

心理因素的主要表现是大学生择业能力水平不高。另外，不健全的人格特征，如就业挫折承受力差、竞争与进取精神不够、缺乏合作精神与冒险精神、独立性不强、盲从和依赖心理等也是造成眼下大学生就业难的主观原因。择业能力水平不高具体表现在：

（1）缺乏对自我客观、系统、科学的认识，常出现高估自己能力的现象，具体表现为择业期望值过高，把待遇是否优厚、交通是否便利等作为选择标准，不愿承担艰苦的工作，不愿到经济欠发达地区和基层单位去工作。

（2）在选择就业单位的过程中，明显表现出被动和随意性，缺乏科学性和主动性，主要表现为对自身的素质和就业竞争能力评价过低，不敢主动向用人单位推销自己，不敢主动参与就业竞争，陷入不战自败的困境之中。

（3）获得职业信息的能力和职业目标的筛选能力不强，虚荣心和侥幸心理往往使他们改变原有的目标，而采取不切实际的从众行为。

（4）职业规划能力比较欠缺，很少有人对自己做出详细的分析，明确自己的素质、实力、个人特点、能力、兴趣、学习和工作的方式以及对工作环境的喜好，并依此做出决定和计划。

## 二、树立正确的择业观，走出择业误区

大学生就业难问题由来已久，究其原因，既有宏观层面经济发展、体制转型滞后的因素，又有微观层面就业观念的因素。就大学生自身而言，树立正确的择业价值观，转变择业观念，走出就业的心理误区，也是极为重要的。就业当中存在的心理误区主要表现为以下几个方面：

### （一）择业期望值较高

先低位就业并不意味着一直处于低位，我们可以把自己的求职策略定位为自我升值型求职。这就是说，在开始找工作的时候，自身的价值不是恒定不变的，可以通过创造性的求职，达到在行业中、在社会中的自我提升，每一次求职的经验都应该是有人才增值效果的。如果能把自身塑造成雇主所需的有独特招牌式竞争力的高端人才，就业的选择权就会更大。而成为这种人才需要的是什么？需要的是真正掌握实用技术与能力。

### （二）不愿到基层和经济欠发达地区就业

大学生不愿到基层或经济欠发达地区，主要还是担心发展机会不大，担心自己吃不了苦，或者根本没有到基层建功立业、磨炼意志、锻炼才干的心理准备，以为到基层是大材小用，是屈尊，是“贬值”，不仅心理上过不去，在生活上也吃不消，更别提自我价值的实现了。虽然欠发达地区与发达地区比，确实存在着不小的差距。但是，由于其产业的分布不同、区域的特点不同，仍然有其独特的优势。大学生到欠发达地区就业，并不是无用武之地，难以实现自身价值，要把到基层看成锻炼能力、磨炼意志的好机会。事实上，一个企业，不可能会让一个工作认真、有潜质的年轻人永远待在基层，他们之所以将大学生派到基层，一是基层的需要，大学生的知识和能力会给当地优势产业、特色经济的发展做出积极的推动作用；二是人才培养的需要，一个人如果能在基层待得住、干得好，也势必会在大城市、大环境下做得好。因此，到基层和欠发达地区，不仅能考验大学生，也能让大学生的能力得以体现。

### （三）不愿做跨专业就业的准备

为什么多数人都没办法找到专业对口的工作？主要原因是学校的专业设置遵循纯正的学科逻辑，而社会上的职位设置遵循复杂的市场需求逻辑，大多数工作都是专业复合型的。高等教育以就业为导向，随着大量边缘学科、交叉学科的兴起，不同专业之间的很多课程设置也越来越相近。在这种情况下，大学生就不能固守自己的专业阵地不放，

要放开思路，做好跨专业就业的心理准备。应该看到，大学生不单有专业技术的优势，还有年纪轻、观念新、思维灵活、适应力强、肯吃苦等优势。在专业不对口的岗位工作，只要虚心好学，肯努力，克服心理恐惧，一样可以在人生职场上“风光无限”，同样能成为行内专家。到了工作岗位之后，主要较量的是学习能力与工作经验的积累。

### （四）不愿到中小企业就业

大企业、机关、事业单位在一般人的眼中还是有很大的吸引力。但是，由于当前就业形势严峻，竞争日益激烈，大企业、机关、事业单位自然成了竞争的热门。这样，从统计学的角度来讲，就业成功率就小了。其实，大企业和小企业各有优、缺点。大企业能学到较之小企业更规范的操作流程，有更好的福利保障和培训机制，发展也更平稳，但晋升机会少。小企业虽然资金不够雄厚，但往往对人才需要如饥似渴，它们给予员工更大的自由度和挑战性，它们核心成本较低，拥有大企业通常缺乏的灵活性。对于刚毕业的大学生来说，在中小企业反而更有发挥能力的空间，它会让你在工作上的接触面更广一些，说不定就是一人身兼数职，因此锻炼的机会更多。小企业员工不多，在管理上会更显人性化。不管在大企业里，还是在小企业里，只要有真才实学，脚踏实地，同样能干出一番事业来。

## 三、强化五个意识，树立正确的就业观

大学生在面临就业时，与其抱怨社会或学校，不如改变求职的观念，尽量让自己去适应社会现实，遵循市场的规律，立足于选择最能发挥自己作用、实现自我价值的岗位，到最需要自己的地方去，靠自己开创精彩的人生！要转变求职观念，树立正确的就业观，关键是强化五个意识。

### （一）强化自我意识：相信自己，战胜自己

培根曾经说过：“如果问在人生中最重要的才能是什么？那么回答则是：第一，无所畏惧；第二，无所畏惧；第三，还是无所畏惧。”越是在困难的情况下，越是在大家都“谈就业色变”的时候，我们越要冷静，要“无所畏惧”。在就业形势严峻的情况下，考验大学生的不仅仅是学识与社会经验，更重要的是面对困难时的自信心。自信心是一个人对自我价值的表达，是一个人对自身力量的认识和充分评估，坚信自己能完成任务，达到目标。一个求职者，只有坚信自己有实力胜任某项工作，才能表现出坚定的态度和从容不迫的风度，才能赢得用人单位的赏识和信任。

### （二）强化现实意识：脚踏实地，调整期望值

即将步入社会的大学毕业生，要对人才市场做充分的了解，了解市场需求、就业行

情，并要根据自己的学历、专业、实力、特长做一个正确的评估，做到知己知彼，打一场有准备的“就业战”。要想把这场战争打好，打得漂亮，就要了解现实，脚踏实地，并不断增强自己的实力，让自己从“普通劳动力”中脱颖而出，以实现就业的第一步——引起用人单位的关注和兴趣。给自己设一个合理的期望值，在选择用人单位的同时，还要接受用人单位的选择，总结每一次的求职经验，根据用人单位的要求调整自己，增强实力，扬长避短，以适应人才市场的竞争。

### （三）强化职业流动意识：先就业后择业，先生存后发展

年轻人对于自己的人生都有很多梦想，这无可厚非，但梦想不是一蹴而就的，它需要在一定基础的积累之上逐步去实现。先就业，并不代表着放弃自己的梦想，而是在现实中寻找实现梦想的阶梯。华罗庚，他在成为数学家之前就非常喜欢数学，由于生活所迫，他在进入数学王国之前，在他父亲的小杂货铺里做伙计，但是这并没有影响他后来成为一个大数学家。学会生存，其实是一种社会技能，即社会适应能力。很多人找不到工作，会抱怨就业形势不好，抱怨生不逢时，却很少思考如何让自己适应环境。先就业，就是要主动抓住就业机会。为了一个理想的工作，一味地等待，不仅错失了就业机会，浪费了时间，也浪费了人力资源。人力资源专家认为，大学生找工作，机不可失，该出手时就出手，只有就业了，你的人力资本积累才算开始。人力资本的增值是要靠积累的，早一天工作，就会早一天受益。如果选择等待，你的人力资本将一直为零。况且等来的只能是越来越严峻的就业形势。职业生涯的成功并不取决于自己的专业以及毕业后的第一份工作，关键在于能否借此积累经验，为今后奠定基础。抓住机会先就业，尽早积累经验，这才有利于将来的发展。

### （四）强化服务意识：从基层做起，从小事做起

大学生在初次就业时，大多从最基层的岗位做起，比如服务员、文员、销售员等，这些岗位看起来似乎没什么技术含量，也跟自己的专业不相符，但也不能小瞧了这些基层工作。越是基层，越是能接触最广泛的东西，能学到书本中学不到的知识。同样是基层，不同的人可以做出不同的样子。

### （五）强化竞争意识：敢于竞争，勇于挑战

有一个故事：两个运动员在森林里行走时遇上了一只老虎，其中一个人急忙穿上跑鞋，另一个人则讽刺说，你穿跑鞋也没用！他回答说，你以为我穿上跑鞋是与老虎赛跑吗？我只要跑过你就可以了！这个故事告诉我们，我们要不断地穿上跑鞋，与身边的人赛跑。我们要喜欢竞争，因为对手有多强我们就应有多强！

市场经济遵守竞争的法则是优胜劣汰，没有危机感的人，将面临更大的危机。为规

避危机做超前准备，就会化危机为转机。21 世纪是终生学习的世纪，不学习就落后，少学习也落后，学慢了同样落后！

## 第二节　择业中常见的心理障碍及自我调适

临近毕业，毕业生的心情是复杂的，想找到一份好工作，但就业路上总是不能事事顺利，存在许多的障碍需要大学生一一克服，其中就包括心理障碍。根据全国高校职业咨询协作组的调查，我国大多数毕业生对于高校就业制度改革的适应性逐步增强，自觉树立正确的择业观念，积极参与人才市场的竞争，但也有相当一部分毕业生对就业期望值过高，对自己和社会认识不足，存在焦虑、浮躁、自卑、依赖等不良心理。下面将分析大学生择业过程中存在的常见心理障碍，引导学生进行自我调适。

### 一、从盲目自信到实事求是地评价自己

有的同学认为自己在择业中具备种种优势，比如学习成绩优秀，专业紧俏，求职门路广，或被不少用人单位垂青，因而盲目自信，看这个单位不顺眼，那个单位也不满意，从而错过不少适合自己发展的机会，到头来往往会由于对自己的过高估计，而在择业中受挫。

盲目乐观包括两个方面，一是对就业市场的预期过于乐观，二是对个人能力估计过高。

正确的做法是：正确认识面临的就业形势，实事求是地评价自己，及时调整就业目标，不刻意追求最满意的结果。

### 二、从自卑畏难到天生我材必有用

有自卑感的同学在面对激烈的竞争时，总觉得自己这也不行，那也不如别人，缺少跟别人竞争的勇气。一走进人才市场就害怕，参加招聘面试，不是忐忑不安，就是在关键时刻退了下来。缺乏心理上的承受能力，一旦中途受到挫折，便轻易得出“自己确实不行”的结论。

正确的做法是：树立自信心，把困难看成生活中一次不同寻常的体验。了解自己的局限，并坦然承认自己的不足，了解自己的长处，并将其发扬光大。不去做自己做不了的事，但要把力所能及的事做好。不处处跟别人比，不求处处比别人强，而要多跟自己的过去比较，把目光放在已有的进步上，每一次的进步都证明自己的存在是有价值的，

证明自己对环境是有影响力的。

很多大学生在求职前往往踌躇满志，跃跃欲试，想一显身手，大展宏图；一旦受到挫折，自信心大大减弱，自尊心受到伤害，就容易妄自菲薄，对自己全盘否定，感到一种空前的失败。未求职前对自己充满信心，经历挫折后却连“气”都没有了。

因此，我们常常听到有大学生在求职时抱怨：“大学四年什么都没学到，学的那些东西在工作中一点都用不上，还不如早就步入社会的高中生，最起码比我们还多四年的工作经验。现在企业就看重员工的工作经验和能为企业赚钱这一点……”

正确的做法是：宠辱不惊，以平常心去看待面试的结果。通过了面试的，不必得意忘形，如果通不过试用期，还得重新找工作；没有被接纳也不要紧，更好的机会还在前面等着你，继续努力吧。

## 三、从患得患失到把握机会、当机立断

职业的选择往往也是对机遇的一种把握。面对用人单位的招聘，有的毕业生在求职过程中常常瞻前顾后、患得患失，或待价而沽、左顾右盼；有的毕业生手握几家意向单位，却占着岗位持续观望，往往容易导致错失良职；有的同学总认为前面的是虾米，后面才有大鱼，盲目夸大机会成本。因此，在求职择业过程中这山望着那山高，该拍板时不拍板，患得患失，结果是到走出校门时，工作还没着落。机会只会留给有准备而适时把握的人，它不是每天都会向你招手，它常常稍纵即逝，在徘徊与犹豫中，也许已经从你的手指间悄悄溜走。正确的做法是：给自己找准定位，把握机会，当机立断，不要这山望着那山高。

## 四、从依赖心理到依靠自己、赢得机会

部分应届大学毕业生，虽然接受了四年大学教育，但依赖性强，独立性差，往往把希望寄托在拉关系、走后门上，或者什么事都依靠父母师长之意、师兄师姐之言进行取舍，缺乏独立自主的精神。

有依赖心理的大学生，往往对自己的评价也比较低，他们会认为自己什么都不能做，离开了父母，没有别人的指导，他们就感到束手无策。当碰到一个难度比较大的工作时，他们会想“我从来没做过这个事”，会在困难面前屈服。相反，有独立能力的人就显得很自信，他们对自己的评价很高，也乐于努力工作，也喜欢挑战有难度的工作，他们把克服困难当成锻炼自己、体现个人能力的机会，他们的信念是：“既然别人能做，我也一定能做。”

正确的做法是：形成独立、完善的自我，坚信自己“一定能行”，独立自主地走上社会，靠自己去赢得就业的机会。

## 五、从盲目攀比到珍惜适合自己的机会

学成从业，服务社会，实现自身价值，是每一名大学毕业生的美好愿望。但是，在求职的过程中，如果不从自身的特点、自身的能力和社会的需要出发，而是与同学盲目攀比，好像不到一个比别人更好的单位就不能实现自身价值。

结果到头来，只求得一时的心理平衡，却不利于自身价值的实现和长远发展。正确的做法是：对自己进行正确、客观、公正的分析，发现好机会就果断抓住。不要把眼光局限在当前与其他同学的差别上，而要立足于现实，努力从自身角度出发选择适合自己的工作，不要盲目攀比。

## 六、从消极等待到主动出击、创造机会

不少毕业生就怎样面对激烈的竞争没有充分的心理准备。害怕就业、逃避竞争，抱有听天由命想法的“问题毕业生”大有人在。他们找工作，大多指望招聘会和学校的招聘信息栏，很少主动去搜寻招聘信息，或者在投了若干份简历之后就处于消极等待状态，不少人甚至因为投了简历没有回音而开始怀疑自己、否定自己，影响以后的求职。

正确的做法是：通过多种途径寻找招聘消息，如登录公司主页、打电话给公司人力资源部、上门询问等，化被动为主动，靠自己创造机会、争取机会。要认识到，从简历投出去没有回音，不代表你不行，更不代表你没希望了。简历投出去后，千万不要“守株待兔”。若问题不在自己身上，就要主动出击。打电话问明原因，表示你加盟该公司的诚意，并给自己多一次“亮相”的机会，让对方加深印象。如果你对某家公司非常有兴趣，那么打电话之前还要“备备课”。

## 七、从浮躁抱怨到志存高远、脚踏实地

很多大学生在刚开始工作时，一遇到工作不顺利，就不断抱怨，感到很痛苦。其实，他们抱怨的原因并不是因为工作真的不好，而是他们习惯了抱怨，有事没事就喜欢抱怨。而恰恰是抱怨的行为，总是对现状不满，总期待更好的机会落到自己的头上，导致他们的工作陷入更加不堪的状态。

从平凡的工作中脱颖而出，与其说是由个人的才能决定，不如说取决于个人的进取心态。这个世界为那些努力工作的人大开绿灯，而一个习惯把抱怨挂在嘴边的人，只会跟成功渐行渐远。

正确的做法是：珍惜工作机会，踏踏实实工作，少一点抱怨，多一点付出。成功，永远都是从踏实地做好本职工作开始。年轻的时候多干活，都是对自己的锻炼，与其天

天抱怨，不如把时间用来学习，提升自己，等到你够得上找一个更好的工作的时候，就可以轻松、自然地从一个岗位换到另一个岗位。千万要记住：“如果你今天不努力工作，明天就要努力找工作。”

### 八、从急功近利到须知万丈高楼平地起

作为职场新人，切勿好高骛远、急功近利，不要动不动就谈工资，想抄近道，想挣“快钱”，否则一不小心就会犯错。刚开始工作，最重要的是踏踏实实地工作，做自己力所能及的事，在工作中学到本领，提升自我能力和个人价值。在公司，只有先站稳脚跟，才谈得上发展。另外，要认清自己是谁，有多大的能量，能做多大的事。

## 第三节　做好心理准备，争取成功就业

### 一、正视社会现实，调整择业期望值

面对严峻的就业形势，大学生要以务实的态度处理好职业理想与现实的关系，在择业的过程中，就收入预期、行业选择、对未来发展空间的考虑等方面适时地进行调整。社会和自我的发展都是动态的，应该用动态的长远的眼光看待就业与发展空间的变化。特别在择业的初期，期望一步到位，找到称心如意的工作是很不切实际的想法，正确的思路是不妨明白生存的底线——能够保障自己的生活，立住脚跟再做长远打算，这样会在一定程度上遏制“毕业即失业”现象。

### 二、客观评估自己，自我合理定位

常言道“知己知彼，百战不殆”，一个人在选择工作时，只是从环境、待遇、便利条件等角度考虑，最后选择的有可能是自己不喜欢的工作，工作起来不愉快或体现不了价值，甚至会后悔而不得不再次找工作。相反，对自己有一个真实客观的评估，结合自己的兴趣、爱好、特长和性格选择工作，才有可能找到满意的工作，并在工作中发挥所长。

自我合理定位包括定向、定点、定心、定位。

定向：要明确自己的方向和目标选择。定点：要去哪里，要去哪个城市，接触怎样的人。定心：保持平常心，理性面对困难和失败。定位：步入社会开始择业，要将以前的一切都归零，从零起步建构自己的人生。工作是人生中新的起跑线，不管你过去是优秀还是普通，都要从零开始。定位既要志存高远，又要脚踏实地。不管我们现在怎样，

都要有高远的人生志向。同时，在具体目标的选择上，要选择那些只要努力就能实现的目标。

## 三、培养自信心态，提高受挫能力

我们不能改变严峻的就业形势，但我们可以培养一个良好的就业心态。拥有一个良好的就业心态，不仅能让你找到好工作，而且能让你做好工作。

### （一）自信

我们都想成功就业，成功就是成为你想成为的人，做你想做的事，去你想去的地方，说你想说的话。成功源于自信，自信的人相信："我能行！""我是最棒的！""我相信我能够成功，我一定要成功！"

提升自信的方法：

（1）积极的心理暗示，经常告诉自己："我一定能行！""只要我努力，别人能做到的，我一定能做到，甚至比别人做得更好！"

（2）从简单的事情做起，经常体验成功的快乐。

（3）不要求完美，只求每天进步一点点。

（4）正确看待失败，失败乃成功之母，每一次失败都是通往成功的基石。

（5）经常微笑，相信自己是最棒的。

### （二）乐观

大学生找工作的过程中，不可能一帆风顺，求职中遇到挫折和困难是正常现象，切不可因过去失败的经历而束缚了自己的手脚。正确的应对策略是把挫折看成磨炼自己的机会，同时要从自身找原因，努力改进自己的不足，从失败中吸取教训，为下一次求职成功做好准备。

# 第六章　新工科视域下的大学生就业创业指导

## 第一节　“新工科”学生就业指导相关问题

当前我国经济正处于由高速增长转向高质量发展阶段，新理念引领新发展，加快产业结构调整和转型升级，新一轮科技革命也在孕育兴起，从深层次改变人们的生产生活方式。面对新形势，我们不断深化供给侧结构性改革，同时加快创新型国家建设，提出“中国制造 2025”“互联网 +”等重大战略。社会经济发展新常态给我国工程教育带来了机遇与挑战，为积极应对新的科技革命和产业变革，“新工科”建设成为我国工程教育新的发展方向。“新工科”不仅是专业设置、人才培养理念、人才培养方式的革新，对大学生就业指导也提出了新的命题。就业是最大的民生，在“新工科”背景下，如何做好就业指导，实现高质量就业，既衡量着人才培养的质量及立德树人根本任务的落实，同时对产业发展，特别是战略新兴产业能否提供源源不断的人才智力支撑，也起着重大而深远的影响。

### 一、“新工科”对就业指导提出的新要求

“新工科”理念提出后，工程教育领域迅速反应，围绕“新工科”内涵、建设、发展等问题的研讨在理论和实践上取得一定成果，先后形成了“复旦共识”“天大行动”“北京指南”等高质量建设“新工科”的规范化指导文件和改革发展路径，由我国主导的具有中国特色工程教育的创新发展模式正在引领全球工程教育变革。以立德树人为引领，以应对变化、塑造未来为建设理念，以继承与创新、交叉与融合、协调与共享为主要途径，培养未来多元化、创新型卓越工程人才的“新工科”对培养具有国际化视野、创新能力、适应经济社会发展新要求的工程人才有了新的标准，由被动适应服务到主动引领发展，对加强大学生就业指导，改变结构性就业矛盾，实现更高质量、更充分就业有了新的要求。

### （一）教育学生正确认识国家发展形势

党的十九大胜利召开标志着中国特色社会主义进入新时代，我国进入新时代，经济持续向好发展，“四个全面”战略布局成效凸显，中国成为世界第二大经济体、第一制造业大国，越来越接近世界舞台中央。“新工科”背景下大学生就业指导要教育学生充分认识当前国家发展的新形势，牢固树立发展信心，全面了解“互联网+”“一带一路”及京津冀协同发展、长江经济带发展等国家重大发展战略，在专业知识的学习与实践应用中要积极响应国家战略需求，为国家富强、民族复兴贡献力量。在大学生就业指导过程中加强国家发展形势认知教育，学生可以更好地树立正确的世界观、人生观和价值观，认识到个人价值和社会价值有机统一的重要意义。

### （二）帮助学生树立全面发展理念

“新工科”是工程教育应对新的产业技术革命带来的新的挑战对工程人才培养的创新发展战略，人才培养理念与传统工科教育有着根本的不同，相比培养单一工程专业尖端人才的传统工科教育，“新工科”则遵循工程教育发展规律和工程创新人才发展规律，把培养未来全面发展的工程人才放在更加突出的战略位置。“新工科”人才培养目标的变化，要求在大学生就业指导过程中，帮助学生树立全面发展的理念，成为工程实践能力强、创新能力强、跨界能力强、具有国际视野的高素质复合型新工科人才，以此满足国家产业转型升级换代和新产业培育和发展对人才的需求，同时要有较强的学习新知识、新技术及解决未来发展难题的能力。

### （三）培养学生的创新意识和创新能力

新发展理念引领经济高质量发展，创新在新发展理念中居于首位，加快建设创新型国家，实施创新驱动发展战略是我国应对国际国内发展新形势做出的重大战略抉择。党的十九大报告明确指出创新是引领发展的第一动力，是建设现代化经济体系的战略支撑。同时对培养创新型人才方面则要求培养造就一大批具有国际水平的战略科技人才、科技领军人才、青年科技人才和高水平创新团队。“新工科”是在国家大力实施创新发展的时代潮流下，工程教育领域创新改革的思考，建设重点就是培养大学生创新意识和创新能力，积极应对科技革命和产业技术变革带来的新挑战，主动融入创新驱动发展战略，因此大学生就业指导也应要求培养学生的创新意识和创新能力，特别是全面认识大众创业、万众创新，将通识教育、专业教育与创新创业教育有机融合。

### （四）引导学生适应新技术、新产业、新模式、新业态

党的十九大报告指出必须坚持质量第一、效益优先，以供给侧结构性改革为主线，

推动经济发展、质量变革、效率变革、动力变革，在建设现代化的经济体系进程中，新技术、新产业、新模式、新业态不断涌现，表现出强大的发展潜力，对经济社会发展产生巨大影响。大数据、云计算、人工智能等新技术的研发及工业化应用预示着利用信息技术带动产业变革将成为常态，我国提出“中国制造 2025”，建设制造强国等国家战略积极应对新的科技革命，“新工科”也是为积极支撑、服务国家重大战略而进行的工程教育创新。因此在“新工科”的背景下，大学生就业指导只有引导学生正确认识当前及未来可能出现的新技术、新产业、新模式、新业态，学生在就业选择时，对新事物才能科学预判，正确评价。

## 二、当前工科学生就业指导存在的问题

### （一）“新工科”教育理念认识不到位

传统工科下的工程教育理念是被动适应服务经济、被动作为，以适应现有技术和产业发展为目标。而新工科的工程教育理念则是主动引领发展、主动作为，以引领未来新技术和新产业发展为目标。大学生就业指导应当及时回应社会发展的需求，搭建学生高质量就业桥梁，课程设置理念、目标应当紧密结合时代发展新形势。当前我国高校大学生就业指导很多仍停留在传统人才培养及就业选择的理念上，鼓励学生创新创业缺乏实质性指导，具有国际视野、具有较强的创新和工程实践能力、兼具良好人文素养的新型工程人才培养理念尚未贯穿就业指导全过程，教育引导学生正确认识国家发展形势，主动融入新技术、新产业、新模式、新业态，努力实现全面发展在就业指导中还未明显体现。

### （二）就业指导课程设计与实践需求契合度不高

当前我国很多高校大学生就业指导课程设计单一，课程归属不明确，重理论、轻实践，课程千篇一律，多围绕就业认知、就业选择、就业技能、面试技巧等问题讲解，以选修课方式出现，以论文或简单考试结课，课程建设缺乏逻辑严密的理论体系，与社会需求不适应，导致大学生就业指导课程对学生吸引力较弱。

### （三）师资队伍力量薄弱

大学生就业指导对师资队伍整体素质要求较高，甚至在很大程度上，师资力量的强弱决定着就业指导的效果。大学生就业指导不仅要求教师具备专业基础知识，同时也要有一定的社会实践经历，对国家发展形势、重大战略、经济社会发展也要充分熟知，教师队伍要专业化、职业化、专家化，“双师型”教师要成为主力军。我国很多高校大学生就业指导教师队伍不完整、体系不健全、力量薄弱现象常态化存在，少数高校有专任教师，大部分高校就业指导课程及日常教育都由辅导员、班主任等学生工作队伍完成，

甚至存在课程教学前临时组建教师队伍现象。来自不同学院和专业背景的任课教师丰富了队伍结构，但多元的教师组成结构对教学任务的落实和教学质量的把控带来了挑战。

### （四）就业指导针对性、实效性不强

少数高校常态化推进大学生就业指导，贯穿教育教学全过程，但大部分高校大学生就业指导在毕业年级才开始，有的课程教学放在大二或大三进行，课程教学课件、教材大而全、模板化严重、修订不及时，就业指导学科区分度不明显，多元化就业指导欠缺，几乎是“一刀切”的模式开展就业指导工作。大学生就业指导与经济社会发展需求存在一定脱节现象，缺少针对性，形式教育严重，实效性有待提升。

## 三、“新工科”背景下学生就业指导路径探析

### （一）坚持立德树人，树立正确的就业观

高校坚持以立德树人为根本任务，把思想政治工作贯穿教育教学全过程。大学生就业指导工作不仅对学生高质量就业有直接促进作用，也是对人才培养质量的重要检验，要围绕全面提高人才培养能力这个核心点，将思政课程的成果应用到就业指导上来，引导学生树立正确的就业观，培育大国工匠精神，将习近平新时代中国特色社会主义思想、中国梦、社会主义核心价值观嵌入就业创业软、硬实力的提高培养中，提升就业指导的思政价值引领。

### （二）强化校企合作，提高师资队伍水平

“新工科”背景下对于做好大学生就业指导提出新的命题，能否引导学生正确认识新的挑战与变革，师资力量在一定程度上起核心作用。工程教育自身的特殊性不仅要求专业课程需要“双师型”教师，在就业指导领域更要有工程实践背景教师的参与，这样才能保证就业指导不会出现“形而上”的现象。强化校企合作，引进行业专家、管理人员、技术人员等作为就业指导教师，对教师队伍整体水平的提升具有重大意义。通过产学研基地、实习基地、大学生“双创”基地等建设，提高校企合作质量，全过程、全方位对大学生开展就业指导。引进校外指导教师可以帮助学生提升专业素养，实现高质量就业，但必须完善考核管理机制，防止出现单一指导毕业设计或专题讲座形式的就业指导，应加强过程管理，从入学到毕业，全方位、多样式、强互动开展就业指导。

### （三）完善课程设置，增强教育教学针对性

“新工科”教育视野下的学生有能力积极应对新科技革命和产业技术变革带来的新挑战，可以主动融入大数据、人工智能等新兴产业发展，因此就业指导课程设计应当有

针对性，围绕培养复合型、创新型、具有国际视野的新型工程人才为目标，帮助学生在新的发展形势下实现更高质量、更充分的就业。就业指导教材与传统教材相比应更具有针对性，侧重讲授“新工科”中“新”的实质内涵，对新技术、新产业等发展现状及未来趋势，对大学生综合素质的要求应重点讲述，结合国家重大战略，实时更新，确保教材与时代紧密结合。课程章节设置上，不能仅仅讲述就业技巧类的内容，国际国内发展的形势、产业（特别是新兴产业）发展的趋势、“双创”动态等也应作为核心要点，防止出现授课课件老旧现象。完善就业指导课程体系，理论与实践相结合，提高实践教育的比重，通过优化暑期社会实践、认知实习、生产实习、顶岗实习等，强化就业指导实践教育的效果，同时专业基础、方向课也应加强就业指导专章讲授环节。

### （四）坚持创新理念，引导学生全面发展

“新工科”打破传统工科单一专业人才培养模式，建立思想政治教育、跨学科培养、产学研协同、创新创业指导和服务为一体的全员、全过程、全方位创新创业人才培养模式，完善工程教育供给体系，打破制约创新创业人才培养的壁垒和边界，对学生全面发展的要求和标准层次更高。大学生就业指导是“新工科”建设重要组成部分，也要坚持创新人才培养理念，教育引导学生认识到创新创业的重要性，充分应用“互联网＋大学生创新创业大赛”等平台，引导学生在实践中培养创新思维，提高创新能力。同时帮助学生树立全面发展的理念，不能仅停留在日常思想政治教育中，更应将全面发展的理念融入教育教学全过程，“新工科”背景下大学生就业指导也要通过新科技革命和产业技术变革对人才需求变化，如何积极应对新技术、新产业、新模式、新业态带来就业新的方向，教育引导学生认识到全面发展的重大意义。

“新工科”是为积极应对新的科技革命和产业技术变革所带来的新挑战，我国工程教育人才培养模式的创新发展，有力地支撑和服务国家重大战略。做好“新工科”背景下大学生就业指导工作，帮助学生认识到国家发展新形势及“互联网＋”、创新驱动发展等重大战略，培养创新意识和创新能力，提高国际化视野，强化工程实践能力，树立正确的就业观，积极融入新技术、新产业、新模式、新业态带来新的就业方向，实现个人价值与社会价值有机结合，不仅有利于实现高质量就业，同时也能有效缓解结构化就业矛盾。

## 第二节　“新工科”四位一体就业指导

新工科的内涵是注重立德树人，其主要的建设理念是应对变化，塑造未来。由此可以看出，新工科更注重创新，更注重协调与共享。就当前社会发展情况来看，大学

生就业问题已经成为社会各界都格外关注的一个问题，该问题与大学生的自身利益以及高校的发展情况有着密切的联系。如果大学生就业问题无法得到有效解决，不仅会影响学生和学校，甚至会影响社会的和谐发展。近年来，随着教育的不断改革、社会的不断发展，对大学生提出了更高的要求，这使高校的就业指导工作很难得到有效的发展。如何在新工科背景下构建“四位一体”的就业指导体系，成为高校教师需要思考的一个难题。

就业指导工作的开展对于大学生价值观的形成有着较大的影响，在此过程中能够增强学生对于经济建设以及社会发展的适应能力。就业指导体系不仅要为学生提供就业方面的服务，促进学生素质的养成，还要帮助学生根据自身的特点以及社会对于人才的需要进行分析，使学生找到适合自己并且能够充分发挥自身价值的职业。所以说就业指导体系的构建对于高校以及学生本人都有着较为重要的意义；而在当前新工科背景下，为了给学生提供更加有效的服务，需要从更加全面的角度进行指导。在本节中，“四位”分别指课堂教学与各类就业讲座、职前教育网络课堂的自主学习、线上线下的个性化就业指导和创业就业学生社团等各类创业就业活动。

### （一）构建课堂教学与各类就业讲座

就业指导工作的开展不应该只针对毕业生，在对就业指导体系进行构建时，应该倡导从大一便开设与就业指导相关的课程，根据学生的实际情况以及年龄段进行分阶段、分任务的逐级职业生涯规划指导，保证学生能够在此过程中树立正确的就业观念，做好自己的职业生涯规划。在对一年级进行就业指导时要让学生了解自己所在专业的行业要求，以及当前的市场发展状况；对于二年级学生利用心理测试软件，了解当前学生的心态，通过了解学生的学习情况掌握学生当前的能力，使学生形成一个正确的职业选择理念。在三年级阶段，就业指导工作的开展应该主要放到求职技巧以及选择职业等方面，为学生提供一些参考性的意见，提高学生的面试及笔试能力。到最终的毕业阶段，学校还需要聘请一些就业指导方面的专家进行讲座，在校期间为学生提供一些指导服务，让学生通过此途径了解到校外的一些就业指导资源。久而久之，便能够形成一个较为完整的就业指导体系。

### （二）构建职前教育网络课堂

随着互联网的迅速发展，我们的生活以及工作变得越来越便捷，为了让学生可以随时了解就业方面的知识，学校不仅要开设就业指导课程，还需要构建网络课堂，让学生可以随时对相关信息进行了解。通过构建教育网络课堂，学生可以根据自己的时间安排自主学习，不仅可以开拓学生的眼界，还能够提高就业指导工作的开展效率。与此同时，教师要结合就业指导课程的内容对考试内容进行设计，让学生自己完成个人规划书以及市场人才需求的调研报告。通过此过程，学生能够对自己未来要进入的行业有一个较深入的了解，有助于提高学生的个人竞争力。

### （三）线上线下的个性化就业指导

当前是信息时代，在对就业指导体系进行构建的过程中，学校不仅要完善线下的就业指导工作，还要完善线上的就业指导工作。对于线下，学校可以成立针对性的就业指导服务咨询室，面向全校学生进行就业指导服务。比如，为就业困难或者家庭困难的学生提供一对一就业指导帮扶。对于线上，学校可以通过微博、QQ 以及微信等网上交流平台为学生提供对应的就业指导服务，保证学生就业方面的问题可以得到及时解决。通过对线上、线下就业指导服务的完善，使整个就业指导体系更加完善。

### （四）创业就业学生社团的各项活动

就业指导不应该单纯拘泥于课堂，学校应该鼓励学生创立与创业就业相关的社团，如就业协会、启航社等。在开展活动的过程中，教师要从旁辅助，帮助学生解决一些他们难以解决的问题，让学生在自己组建的社团中开展活动，树立正确的创业就业观念。例如，带领学生参观人才市场，了解当前的招聘模式；组织学生开展模拟的招聘会；邀请企业进行专业讲座；等等。充分保证社团活动的开展，提升学生对就业指导的了解，促进该体系的构建与发展。

综上所述，高校在对就业指导体系进行构建的过程中应该充分认识到“四位一体”的理念，结合当前新工科的背景对内容以及体系进行构建，充分尊重学生的主体地位，结合当下热点对就业指导工作的开展方式以及开展内容进行设计。这不仅有效实现了就业指导体系的构建，还充分发挥了该体系应有的价值。

## 第三节 “互联网 +”新工科就业创业教育

当今世界正在并将随着科学技术的迅速发展而进一步发生变革，工程技术会影响个人的工资和就业，决定各国是否能够在激烈的国际竞争中长期生存，更重要的是，我们及我们下一代是否有能力应对这个将持续几十年的全球挑战。这场技术革命所带来的剧烈变化和严重影响将比以往所有的历史性工业革命更具深远意义。嵌入式技术、大数据、智能城市、自动化以及美国和日本等发达国家已经研发的新的其他技术创新推动的即将到来的社会变革也使我们感到一种不甘落后的紧迫感。

鉴于当前国内外科学技术的迅速发展，河南省政府也对推出的创业平台、融资渠道、项目选择、政策扶持等方面给予了大力的支持。同时，一些高校投入大量的物力和财力打造高质量的孵化园和筹集创业基金，为本校广大师生创业提供有利场地和资金保障，这些政策的实施，激发了广大毕业生就业创业的热潮。河南省政府贯彻落实党中央关于促进高校就业创业工作要求，紧紧围绕粮食生产核心区、中原经济区、郑州航空港经济综合实验三个国家战略规划，引导大学生创业与国家政策、地方经济和社会资源相结合，大力推进大学生创业实践教育，激发大学生创业热情，通过强有力的创业活动带动就业，开创全民创业的热潮，为中原经济区建设和河南省的腾飞贡献自己的力量。

近年来，从国家战略到政府报告和行业发展计划中，都可以看到我国引领科学技术进步的决心。正是在这种背景下，我国引入《华盛顿协议》制定的标准，以满足培养更多合格的工程人才应对时代挑战的需求，拉开了我国“新工科”教育的序幕。

“新工科”教育是指在全球“工业4.0”技术革命和中国加入《华盛顿协议》的背景下，旨在提升我国大学工程教育水平的改革举措。新工科教育的想法和愿景体现在我国教育部于2017年形成的“复旦共识”“天大行动”和“北京指南”中。我国教育部门正在循序渐进地推动新工科建设，深化工程教育改革、加快建设新工科，促进我国工程教育加速进入世界第一方阵。

“新工科”教育中的“新”主要突出两个方面。首先，它指的是为满足最新的经济和工业需求而制订的一系列新计划。我国人工智能等新兴行业对人力资源的需求在未来几年被认为远远超过供给。据报道，到2020年，信息技术、电子设备开发、高档数控机械制造、机器人和新材料等行业的人力短缺将达到750万，而到2025年这一数字将增加到950万。大数据、人工智能等最先进技术的迅猛发展，以及这些技术所带来的新业务，也填补了中国社会的巨大人力鸿沟。据报道，中国人工智能行业的供需比例仅为1∶10，这就要求我们启动大量新计划来应对全球范围内发生的快速技术革命。其次，它指的是将现有工程项目升级为新项目的必要性。将与实践相关的要素的比例增加到现有的工程项目已成为我国教育部门的共识。课程建设、教学方法、工程教育质量等诸多方面有望根据工业需求和国际标准进行更新。

无论是要制订的“新”计划还是要更新的现有计划，“新工科”教育都会着力促进不同学科之间的联系，促使我国高等教育机构对未来工程师教育的改进。应用型教育培养高技能应用型人才，在职业岗位上具有更强的针对性。目前我国大力兴办应用型教育是为了面向市场经济，满足社会对高技能、高素质人才的需求。随着我国经济和高新技术的飞速发展，企业对应用型人才的需求也日趋多样化，应用型教育则需更加注重人才专业技能和创业能力的培养。在全民创业的热潮下，应用型高等院校的专业，特别是“新工科”专业必将走在时代的前列，积极主动开展“新工科”教育和就业创业教育，也将成为培养“新工科”人才和创业者的摇篮。

在当前“互联网+”时代，充分利用互联网开展就业指导，准确把握毕业生就业信息，把高校毕业生就业工作，特别是“新工科”人才就业工作不断向前推进，将成为必然趋势。

## 一、“互联网 +”与就业创业教育结合的优势

互联网是一个遍布全球的、由网络连接起来的、庞大而复杂的网络系统，这些网络通过一系列通用协议连接在一起，形成一个逻辑上庞大的国际网络。该网络的硬件包括路由器、交换机及各种连接链路、服务器、终端（如无数的计算机和终端）等设备。当今的信息社会，用户可以使用互联网实时将信息发送到数千英里之外。在互联网上，有关信息获取、传输、保存、处理和显示是非常便捷的。而“互联网 +”是跨互联网的。换句话说，“互联网 +”超越了电子、信息和人文科学的界限，通过打通创新链、产业链、资金链、服务链和空间链，打造交叉融合和协作创新的技术生态和产业创造生态。“互联网 +”不仅是对“互联网”的升级，更是以“中国制造 2025”和“互联网 +”行动等国家战略为依托，以集成式、颠覆式创新为核心，基于我国社会经济发展的当前状态和未来发展趋势，对中国经济和社会发展产生重要影响的新版本。因此，“互联网 +”可以反映互联网技术的现状，也能反映对中国未来的发展趋势及其对中国经济和社会的重要性。在“互联网 +”的新形势下，高等院校工科教育须立足于行业需求，突破传统思维方式，以学生为中心，以学生发展为本位，利用互联网来探索各行各业跨界融合和协作创新，探索、实践符合新时代工程教育规律和时代特征的就业创业教育模式，为“新工科”就业创业教育注入新活力，为我国抢占未来全球创新生态系统中的战略制高点贡献力量。将互联网与就业创业教育结合，将为就业创业教育提供诸多便利，有利于就业创业教育的深入开展。

### （一）节约各种成本，提高工作效率

相对于开设就业指导课程和承办各种招聘会，利用互联网来开展这些活动更有优势。利用网络来开展就业指导课程教学，有利于学生利用“碎片时间”进行学习，让学生在需要的时候“随时随地”学习，必要时向网络资源求助，跟指导老师沟通交流，真正让学生学以致用，而不是纸上谈兵；搭建有效的毕业生网络就业指导系统可以为学校减少承办招聘会的场地费、宣传费、餐饮费等各项支出，也为用人单位减少了交通费、展位费、印刷费等费用，同时减轻了学生印制简历、复印证书、来回奔波等负担，让学生随时随地、轻松自在地进行求职活动。

### （二）有利于建立公开、公平、公正的就业环境

利用互联网开展就业指导工作，实现就业信息共享，建立开放沟通渠道，减少信息传递过程中产生的认知偏差，防止“暗箱操作”的发生，有助于消除毕业生的各种疑虑，有利于建立公开、公平、公正的就业环境。

### （三）实时掌握毕业生的就业情况，及时对学生进行指导

通过互联网就业信息平台对学生的就业情况进行跟踪，可以实时地、动态地了解学生就业去向；通过对就业互联网就业信息平台后台数据的统计、分析、加工和整理，可以全面地、系统地掌握学生就业情况；学生的就业信息可以为领导层提供决策支持，让他们根据实际情况采取相应的措施对学生进行相应的就业指导，以提高学生的就业率。

## 二、互联网应用于毕业生就业指导方面的现状及存在问题

目前，我国互联网应用于毕业生就业指导的有些方面仍需不断强化和改进，主要表现在以下方面：

### （一）就业指导系统建设与实际需要存在一定的差距

虽然许多高校已经建立了就业指导系统，但平台功能简单，缺少必要功能模块，互动性差，内容单一，过于空洞，缺少必要的维护，形式重于内容，信息更新不及时或信息审核不严格，存在虚假信息，网络建设与实际需要存在一定的差距，不能很好地指导和帮助学生就业，有些就业指导系统甚至给毕业生带来困惑。

### （二）适用平台过少，创新模式不足

许多就业指导系统仅仅是发布就业信息的网站，缺少智能手机、手持设备等客户端应用程序支持，适用平台过少，创新模式不足，不能充分发挥就业指导系统的作用。毕业生花许多时间奔波在求职路上，他们希望能利用智能手机、手持设备等客户端随时随地、快速方便地填写求职信息、发送求职简历、查看录用信息等，而不是长时间坐在计算机前来完成这些事情。

### （三）安全机制还不够健全

由于有些高校投资力度有限，安全意识不强，防范措施不到位，使得就业指导系统安全机制不够健全，容易受到黑客攻击和蓄意破坏。就业指导系统数据库里存储着用人单位信息和毕业生的个人信息，如果这些信息一旦被他人恶意使用，将给用人单位和毕业生造成不可估量的损失，也给学校带来不良影响，使学校工作陷入被动。

## 三、“互联网+”与应用型“新工科”就业创业教育方面的探索

将互联网与应用型“新工科”就业创业教育相结合，充分利用互联网的优势，积极推动“新工科”教育的发展，促进学生就业创业，我们可以从以下几个方面去实施。

### （一）形成完善的人才库

与教务管理、学生管理等系统对接，实现成绩、奖惩等信息的导入导出，建立较为全面的、完善的人才库，有利于学生对现有信息的使用，减少学生毕业时对信息的收集、录入、整理等工作，提高学生的求职效率；也为招聘单位提供真实的、可信的学生信息，减少招聘单位的疑虑，有利于树立学校的形象，提高学校美誉度；还有利于学校对学生进行就业指导，跟踪学生的就业情况，对学生的就业数据进行汇总，分析学生的就业趋势，为决策提供支持。

### （二）加强就业指导方面的内容建设

利用互联网来对毕业生进行就业指导不仅仅是建立发布招聘信息和求职信息的平台。就业指导系统除了让学生获得就业信息外，还应提供就业指导方面的信息，包括就业政策、职业规划、就业指导、就业心理咨询、就业跟踪、就业统计分析等功能。特别要加强在就业指导方面的内容建设，优化就业指导教学内容，提供就业指导视频和交流渠道，建立模拟求职频道，让学生体验求职过程并从中获得启发，就业指导系统要能真正地、及时地为学生求职就业排忧解难。

### （三）鼓励“新工科”师资共享

激发“新工科”学生就业创业活力，鼓励“新工科”师资共享政策，通过不同的方法促进“新工科”教师队伍建设，有针对性地进行“新工科”教师在线培训。通过一系列的举措，造就一批“新工科”就业创业的领路者，加大“新工科”就业创业教育宣传，提升教师指导“新工科”就业创业的能力和水平。高校必须认识到，在“新工科”就业创业教育中，教师“新工科”创业水平的高低是培养“新工科”就业创业人才的重要因素。高等院校需要在政府创业优惠政策的基础上制定符合本学校发展实际的激励政策，通过政策鼓励在校教师或者技术人员进行在职创业或者离岗通过信息化新技术进行创业。定期选派优秀的具有“新工科”意向的教师在线培训或到专业机构进行针对性的创业培训，从而培养“新工科”就业创业教师。可以选择有特色的创业者或者企业家到高校为学生传授创业经验。通过以上几种形式，打造应用型“新工科”就业创业教师群体，为就业创业教育提供强有力的保障。

### （四）强化安全措施

在思想上要充分意识到网络安全和信息安全的重要性，要保护好用人单位和学生的利益，防止因用人单位或学生敏感信息泄露造成不良后果；在资金投入方面，要为就业互联网的硬件和软件建设留够资金预算并落实到位；在技术上要考虑到计算机病毒及其他人为破坏的情况，充分利用防火墙、路由器、核心交换机等设备，制定合适的安全策略，保证系统的安全性，防止非法用户的入侵；在管理方面，要提高专业技术人员、工作人员和网络管理人员的业务能力，不断加强平台的维护和管理，保证就业指导网络和平台的安全。

### （五）加强信息的真实性管理

学校有责任、有义务核实就业信息的真实性，为学生提供真实的、有效的就业信息，防止因虚假信息让学生承担财产安全、人身安全等方面的风险。学校应该建立健全用人单位信息真实性管理和审核制度，制定明确的内部操作规程，对用人单位注册信息的收集、存储、处理和使用等各方面提出明确要求，让用人单位提供完整的、真实的信息，并对这些信息的完整性、真实性进行认真、有效的审核。

### （六）加强与有品质的单位合作

在就业指导系统的开发和建设方面，要与有品质的建设单位合作，开发建设高稳定性、高可靠性、高安全性的就业指导系统，减少就业指导系统故障的发生时间，确保系统的安全可靠，另外，通过与有品质的用人单位合作，加强用人单位、招聘及其相关信息的可靠性和信息的真实性、准确性。

### （七）开发智能手机 APP、微信公众号等多平台接入

就业指导系统除了以网站方式提供服务外，还需要利用智能手机与目前流行的移动互联网技术开发就业指导手机端 APP 应用，该 APP 应该适用于用人单位用户和毕业生用户，方便用人单位利用智能手机平台发布招聘信息和查询求职信息，也方便学生利用该平台查询招聘信息和发布求职信息，还可利用该 APP 进行双向互动交流，满足用人单位和学生信息推送、定制等个性化需求。

### （八）构建决策支持系统

构建用于数据分析的决策支持系统，能够让就业部门领导人快速地、智能地从就业指导系统数据库中挖掘出有用的、具有辅助决策作用的信息和知识，从而提高高校毕业生的就业率。就业指导系统的数据还可以供招生、教学、图书馆等部门参考，让招生部门了解当前各行业的就业形势以便制订更好的招生计划，教学部门根据行业需要更好地确定教学内容，图书馆等部门可以根据相关数据确定采购哪方面的图书，更好地满足学生的需要。

在当前学生就业压力大、学校就业部门工作任务重、用人单位难觅所需人才的现实情况下，应充分利用互联网技术，加强“新工科”意识，从多个方面下手，建立安全、

有效、便捷的就业指导系统，打通学生、学校、用人单位三个环节，降低用人单位招贤纳士的成本，减少学校就业工作部门的工作，促进学生就业，并为招生、教学、图书馆、科研等部门提供参考数据，推动我国高校毕业生就业指导进一步发展。

# 第七章　基于 OBE 教育理念[1]的大学生创新创业指导

## 第一节　基于 OBE 教育理念的创新创业教学

因中美贸易战引发的美国方面针对中国的某些技术封锁、社会各行业的激烈竞争以及就业岗位不足等问题，导致对高素质创新创业型人才的需求激增，人才供给出现巨大缺口。因此双创教育成为新时代赋予高校的新使命。尽管各高校都积极响应，但仍然出现了种种问题。为了对大学生的创新创业能力进行更有效的培养，必须正视存在的问题，同时引入先进的教育理念以积极应对。

### 一、创新创业教育及 OBE 教育理念的背景

#### （一）双创教育背景

“创新创业教育”于 1991 年的东京创新创业教育国际会议上被提出，其主旨是有效培养具有开创性个性的人，围绕包括首创精神、冒险精神等七个方面的素质进行培养。2010 年后，我国教育部下发了《关于大力推进高等学校创新创业教育和大学生自主创业工作的意见》，颁布了“创业基础”课程教学大纲，逐步推进双创教育及促进毕业生的就业创业。李克强总理在 2014 年提出了“大众创业、万众创新”的理念后，国务院办公厅在次年颁布了《关于深化高等学校创新创业教育改革的实施意见》，提出了一系列具有重要指导意义的要求、任务和措施。

在国家政策的指引下，全国高校都积极响应号召，不断加强创新创业教育，努力培养学生的创新创业能力，分别开设了如“创业基础”“商业计划书”“创新创业项目策划”等课程。近年，部分高校开始大力引进 OBE 教育理念，进行教学改革，这也对创新创业教育提出了更高的要求。

---

1． Outcome Based Education，一种以学生为本的成果导向教育理念。

### （二）OBE 教育理念

OBE 教育理念于 1981 年由美国学者斯派狄提出，随后得到美国工程与技术认证委员会（ABET）的全面认可，又很快得到了西方国家的认可并逐渐在全球范围内流行。其三要素已经广为人知，分别为以学生成果为导向、以学生为中心和持续改进。根据 OBE 教育理念，教师应该先从培养目标出发，制定适合本院校定位的、与本地或者本区域的经济发展相适应的培养目标，并且预期毕业后五年在专业相关领域的成就要求，制定恰当的毕业要求并构建能全面提供支撑的课程体系，采用集目标、内容、评价于一体的教学交互指导模式以及引进相应的师资来保证学生达到这些预期目标，最后测定各门课程对毕业要求的支撑程度及其对学生学习成果的影响，并通过形成性评价评估学生的学习成果。

1989 年，由美、英、加等六个国家的民间工程团体发起和签署了《华盛顿协议》，实现了工程专业的本科学历资格互认。我国于 2013 年成为《华盛顿协议》签约成员，三年后成为正式会员。因此，采用公认的 OBE 教育理念来引导我国工程专业的教育改革已经迫在眉睫。

## 二、创新创业人才培养的现状及问题

我国高校进行创新创业教育已历经十余年，各种创业大赛也火热地进行，但是在实施过程中出现了不少问题。

### （一）传统就业思维的制约

在计划经济体制下，我国毕业生的就业是包分配的。改革开放后，随着市场经济的发展，现在已基本转换成“双向选择，自主择业”机制。尽管如此，“找个稳定工作”依然是大部分学生及其家长的主要期望。这种定式思维使许多高校毕业生从根本上排除了创新创业的可能性，而更偏爱公务员、教师这样的“铁饭碗”。即使这些岗位的竞争相当激烈，也不乏坚持数年不就业而一心应考的青年。由于创新创业意识的缺乏，导致高校学生错失良好的发展机会，让人感到遗憾。

### （二）培养目标模糊

目前高校教师对学生进行创新创业教育的主要成果之一是带领学生小组参加各种创业大赛并获奖。其中难免出现不断重复使用他人项目计划书的现象，而每届的参赛学生在课程培养中学习到的并不一定是创新创业的能力，而是参赛时“背书”的能力。热点创业项目中的专业技术可能并未被学生理解，导致“有形无实”的结果。从 OBE 教育理念来看，竞争创业大赛的名次的确是一个成果，但未必是一个注重培养学生创新创业综合能力的唯一成果。

### （三）课程体系不完备

创新往往是由不同思维、知识、技术的碰撞而产生的。如果专业课程之间缺乏交汇融合，那么所谓的“先修课程”与“后续支撑课程”则会有形无实，学生可能考完试后就把该课程中所学的知识忘记，更不必说融会贯通并付诸实践创新。另外，创新创业相关课程往往作为通识课而存在，专业课程对自身专业的创新创业引导不足，使得许多学生对基于自身专业该如何进行创新创业感到迷茫。最后，部分高校缺乏成熟的创新创业示范基地，学生无法得到有效参照，缺乏实践锻炼机会，自然谈不上真正意义上的创新创业。

### （四）教师资源缺乏

人才培养中的主导力量是教师。目前，具有良好创新创业知识素养和实践能力的教师团队是稀缺资源。部分传统教师可能自身并没有充分了解创新创业概念，甚至极个别教师将创新创业理解成把某些行业的营销（如直销）模式推广至校园中，为自己增加收入的同时美其名曰为了增加学生创业的机会。这种把创新创业理解为某些快速致富捷径的思想，则更让人感到担忧。

## 三、基于 OBE 教育理念的创新创业人才培养路径

### （一）明确创新创业的培养目标

OBE 教育理念强调成果导向，因此需明确创新创业教育是为了培养大学生真正具备创新创业的综合素质，包括良好的道德修养、开放的思维、扎实的专业理论知识、积极的动手能力、敏锐的市场嗅觉、健康的体魄、良好的心理、较强的人际沟通能力等。

### （二）紧密结合的课程体系

部分高校的创新创业培养会偏向于工科学生，除了学校自身定位的原因之外，还有一个原因是认为工科的产出是“有形”的，可以比较直观地观察、触摸和体验，而且能够获得专利并实现转化。这其实是对社会科学，对创新创业的认识不足而导致的结果。实际上，社会科学在现代社会发展中发挥了极其重要的作用，众多科技的发明、市场化及其持续更新发展都离不开基于政治学、经济学理论的政策导向，金融、市场营销、人文艺术、电子商务、人力资源管理等领域的理念及制度的创新，用一个不太严谨的比喻，工科让自然科学技术诞生，非工科决定其是否能茁壮成长。因此，创新创业培养的课程

体系注定是跨学科的。它必须结合各个相关学科，形成系列、有序、具有协同效应、因学生特性而有所侧重的课程体系。

### （三）以学生为中心的教学方法

为了培养大学生的创新创业综合素质，必须选择针对性强的培养模式或教学模式。大学生创新创业教育只有围绕以上内容开展各种形式的教学，才能实现创新创业教育的真正目的。伴随着 OBE 教学改革，以学生学习体验为主的教学模式逐渐成为主流。

（1）学生参与型。相对于传统满堂灌的教学模式，为了提高学生学习体验，可考虑增加案例分析讨论、课题调查研究、场景角色扮演等方法，在主动思考与头脑风暴的过程中，学生的创新思维能力和创业实践能力自然得以强化。

（2）教学工具多样化。近年来，现代教育教学技术和辅助工具层出不穷，率先使用前沿教学工具的课程大部分都得到了学生的良好反馈。如利用蓝墨云、微助教、雨课堂等教学工具实现课堂讨论、随堂测试、分组辩论等翻转课堂教学模式，能有效将创新创业相关的概念、原则、精神、理论和实践经验等有机融入创新创业课程教学中。利用多样化的教学跟踪工具，也将有效发现由于每个学生的个性、能力以及观念等的差异，在实践中有效实行个性化指导、分组指导和整体指导相结合的方法。

### （四）基于 OBE 教育理念的创新创业课程评价与持续改进

OBE 教育理念要求教学活动持续改进。要持续有效地改进教学方法，需要通过科学合理的管理和评价机制对教学过程进行监控和评价。在教学中，教师应跟踪、评估学生的表现，以保证其达到毕业要求，进而达成与培养目标的契合。同时需要利用课堂反馈的形式及时了解学生对知识点是否理解，对教学过程是否有建议等等。最后，通过督导、教学评价等第三方调查进行验证，在下次人才培养方案或课程教学大纲修订时予以改善，从而确保创新创业人才培养的与时俱进及其质量的持续提升。

社会对高校毕业生创新创业能力的需求越来越高，各高校均对传统满堂灌教育模式进行了改革，引入前沿教育理念以达到双创能力培养的新要求。本节基于 OBE 教育理念分析现阶段高校在实施创新创业教学中存在的一些问题，并提出了若干关于完善创新创业培养方案的建议，以期提高学生学习体验，推动双创教育的发展，激发经济社会的活力。

# 第二节　基于OBE教育理念的大学生就业能力提升

## 一、大学生就业质量跟踪调查分析

以河北环境工程学院2020届应届毕业生为调查对象，为深入了解毕业生就业后的工作情况，为学校学生培养、学科专业设置提供参考与依据，推进毕业生就业工作，线上发放问卷，调查问卷包括基本数据、对工作岗位评价、对学校教学和就业指导的评价三个方面。共发放问卷300份，回收290份，调查问卷有效率为96.67%，调查专业包括园林工程技术、生态环境保护。

### （一）就业对口率调查

通过调查发现，有63.79%的毕业生就业方向与所学专业相关；有30.34%的毕业生就业方向与所学专业基本相关；只有5.86%的毕业生就业方向与所学专业毫不相关。目前对口就业率较高。

### （二）就业满意度调查

通过毕业生对目前所从事的工作满意度调查结果发现，只有19.31%的毕业生对所从事工作非常满意；有43.10%的毕业生对所从事工作比较满意；有21.38%的毕业生对所从事工作不太满意；而有16.21%的毕业生对所从事工作很不满意，不满意的原因多是薪资报酬低、工作不稳定、工作较辛苦。

### （三）就业岗位升迁情况调查

通过调查发现，有60.34%的毕业生岗位无变化，有39.66%的毕业生岗位有变化。有65.17%的毕业生职位无升迁，仅有34.83%的毕业生职位有升迁。

### （四）毕业生对学校教学和就业指导反馈调查

通过调查发现，毕业生认为所学专业与课程设置很好的有31.03%，认为较好的有29.66%，认为一般，需改进的有25.86%，而认为急需改进的有13.45%。认为课堂教学与实践环节教学质量很好的有30%，认为较好的有33.10%，认为一般，需改进的有29.31%，认为急需改进的有7.59%。根据学校的教育教学工作评价从优到劣的排序，分别为专业知识的深度和广度，知识面的拓展，世界观、人生观、价值观的形成，基本技能、动手能力的培养，分析和解决问题能力的培养，创新能力的培养，处理人际关系能力的培养。在学校毕业生就业工作的评价上，只有 17.24% 的学生认为整体很好，有 35.17% 的毕业生认为学校促进就业的工作做得很好，但要进一步拓宽服务范围，而有 47.59% 的毕业生认为一般，需改进。

### （五）用人单位需求调查

深入了解用人单位对毕业生的评价以及对人才的需求状况，以便优化专业设置、课程结构、能力培养和教学管理，提高学生素质，提升就业指导工作水平，更好地为社会提供人才支持。随机抽取 60 家秦皇岛以及周边区域的用人单位进行调研，采用线上问卷调查和访谈等方式进行，调查内容包含对应届毕业生的综合评价、用人需求状况调查两个主要方面，问卷多为选择题，收回调查问卷 57 份，回收率 95%。

### （六）毕业生满意度调查

通过调查，用人单位对学校毕业生的工作表现总体评价中，有 15.79% 的用人单位认为毕业生工作表现优秀，十分满意；40.35% 的用人单位认为毕业生工作表现良好，成绩优秀，比较满意；有 29.82% 的用人单位认为毕业生工作表现一般；只有 14.04% 的用人单位认为工作表现差，不太满意，而不满意的原因多是用人单位认为应届毕业生普遍动手能力差、实践经验不足、流动性大、不能吃苦，而其中大部分单位表示能够理解，可以给毕业生一定的时间学习，以便其能尽快适应工作要求。

### （七）毕业生的能力和素质需求调查

从调查结果中可以发现，用人单位对毕业生的能力和素质需求重要性排序中，最重要的工作态度和综合素质，其次才是专业知识和专业技能，然后是团队精神、社交能力、创新精神，而对于我院的学生，很多用人单位认为目前毕业生在专业知识和技能的掌握上相对较好，但需要加强敬业精神、动手能力、组织协调能力、心理承受能力和分析与解决问题的能力等方面素质的培养，这也是毕业生跳槽率高、工作满意度不高的原因。毕业生需要进一步提高动手实践能力和自身修养。

## 二、OBE 教育理念下，大学生就业能力培养的策略

哈贝马斯在《知识与人类兴趣》一书中提出了三种基本的人类兴趣——“技术兴趣”“实践兴趣”“解放兴趣”，相应的课程观在发展的过程中也经历了从“知识取向”到“实践取向”，再到“反思取向”的转变。而课程观发展到今天，OBE 教育理念下的就业能力课程观已向“自我实现”转变。因此在就业能力培养课程的目标上应更加注重

学生的成果达成，在培养方式上应更注重项目研究、项目设计、自我反思等。基于以上分析，本研究设计的就业能力培养方式主要有以下三种：

### （一）会诊式教学

这是针对学生在就业能力课程和实习实践过程中存在的问题，通过创设虚拟就业情景或实践中真实的就业场景，以集体审议、集体“诊断”的方式，探寻解决问题的一种教学方式。在这一教学模式下，通过德尔菲法，学生之间或师生之间展开深入讨论，并通过相互合作、相互协商获得解决问题的方法和有利于问题解决的一致性意见。学生可以根据自己对问题的理解，各抒己见或共同探究，提出自己认为可行的操作方法。根据大学生在课堂情景和现实情景中实施方式的不同，会诊式教学可以分为基于案例的会诊式教学和基于现实实践情景的现场会诊式教学。

案例会诊式：案例会诊式指课程实施中学生之间或师生之间通过对真实就业案例的分析讨论，让学生置身于模拟的就业情境中，分析问题、提出对策、解决问题。运用这一模式，一般可以采用典型案例教学和创设模拟情境这两种形式。

现场会诊式：这种课程模式采用学生的实习实践实训基地或单位作为课堂，将学生在真实的实践单位中遇到的问题作为会诊的对象，通过实践基地全体学生共同“诊断”并“开处方”，最终由任课教师或专家点评。这种教学模式与教育改革同步，与就业场景高度契合，能调动实训基地全体学生学习探讨的积极性、主体性。每个学生都有自己的视角和侧重面，在会诊中“各路神仙”尽展才华。同时，在师生、学生之间的互动中发挥“共振”效果。

### （二）项目式教学

项目式教学是指在一定的组织中，教师有意识地设定项目目标和项目内容，规划总体学习任务，创造出有利于学生就业的学习环境与资源条件；学生根据自己的需要，设定学习目标，选择学习内容，寻求学习需要的资源，选择有效的学习方法；学生根据项目任务分工，进行调研和可行性分析，分阶段制订研究计划，建立研究的理论模型，完成项目内容；教师进行测试反馈，分享交流，评价学习成果。

在项目式教学过程中，学生可以自主选择学习内容、时间、地点和进度，教师的职责在于帮助学生更好地管理好、控制好他们的学习活动，其目的是以学生为中心，引导他们学习、探索、研究，培养他们良好的学习习惯和完成任务的能力。在这一过程中，可以通过签订学习“合同”和设计项目“诊断书”来推进项目更好地完成。在确定项目负责人后，项目组成员之间通过签订学习“合同”，就项目内容、目标、方法、评估标准等达成一致意见，使项目组更加清楚学习目的，形成统一的行动方案，确保项目的顺利完成。在每次学生项目完成之后，项目负责人设计项目“诊断书”，改进与完善项目方案，对项目进行有意识的监控调节。在这个过程中，师生的角色都发生了变化，教师的角色已不再是单纯的课程传授者，而是学习资源的设计者和提供者，是学生的指导者和咨询者，是学习效果的评估者。

### （三）自我诊断式学习——追问式慎独

在未来的教学中，我们要适应产业的变化、社会的变化、教育的变化。为此需要设计个性化的、定制化的、多样化的培养方案，不再让同一个专业的所有学生去学习同样的内容。在学生的学习能力、学习基础都不一样的情况下，按照现在这种模式，即基于学科、基于专业、基于班级，用相同的内容、相同的方式去授课，极不利于学生的能力培养。因此，教育者要基于能力、基础及目标，用一种自治型的组织形式提供个性化的培养方案，相同的内容不再用相同的方式去传授，相同的内容可以在不同的时间点去学习。而这种自治型组织形式更多的是基于学生的自我诊断式学习。

自我诊断式学习是学生针对自身及就业中存在的问题进行自我教育、自我反思、自我诊断的过程，是学生进行自我认识、自我改造的过程。而在传统课堂上很少提到让学生用自我反思、自我诊断等方式，更鲜有这方面的理论指导。

在就业能力的培养中可以通过追问式慎独，让学生对自己所学的知识理论通过思维的不断“追问”，达到对知识学习、技能培养、素质养成的更深层次的理解。而这种对内心追问式的自我反省，一是基于学生对真理的不懈追求，对知识和事物有自己独到的见解，敢于质疑进而批判性地吸收知识，敢于去深刻理解现实和现象的本质；二是对个人道德的自我反思，传统儒学的独到之处正是在于它强调了道德自律，而道德的获得往往是自我反思，自愿自觉的结果，而非外在的压力或强制。而这种对道德自身的不断反思，将形成较为稳定的个性品质，从而形成大学生较为稳定的职业素养和职业素质，这在大学生的职业生涯中将起着非常重要的作用；三是批判性地审视自己的思维过程、行动过程并给予及时修正，比如在课程的学习中，在掌握信息技术的情况下，通过多媒体教学的辅助，可以自主地选择课程，按照自己的需求来选择课程内容，而这种自由地选择课程的组织方式，必然要考验学生的自主性学习能力，否则将会使学生沉溺于信息的汪洋大海。因此在信息爆炸的年代里，培养学生自我学习和自我反思的能力尤其重要，比如潘懋元先生提到，在慕课（大型开放式网络课程）的学习中体现了学生学习的自主性，而这种自我渗透式的学习正是对自主性的充分体现。

## 三、OBE 教育理念下，大学生就业能力培养的评价机制

以成果为导向，开展教学评价，推进持续改进是 OBE 教育理念下大学生就业能力培养的必然要求，因此要开展基于自评和他评的多元主体评价，从学生的满意度、学业成果的达成度来设定评价指标，关注多元反馈结果，不断改进和优化教学方式。

### （一）自评与他评的双向结合

从评价的主体来看，对学生的就业能力评价可以分为自评与他评。在传统教学模式下，学生往往没有评价的自主权，评价权在于教师、学校，不利于学生客观地评价自我的成长，评价的工具性明显。因此，要还一定的评价权给学生，对项目的完成情况进行自评。自评能使大学生在评价中感到“自我”的存在，自觉地反思自己的行为，实质上自评也是一次大学生自我提醒、自我反思、自我教育和自我成长的过程。另外，他评的过程中要有可行性的量化指标，如“1+X”证书制度[1]就设置了很多的评价指标，学生进入大学就可以对照“1+X”证书制度的要求，进行反向学习。

### （二）从成果达成度反向设计评价指标

学生就业能力培养的评价体系可从三个维度来建构：元认知、对象、达成度。从元认知评价的角度来研究大学生的批判性反思能力，即可以从大学生对就业能力课程或专业课程中的自我觉察、自我评价、自我探究、自我监控、自我调节等方面来进行评价；从对象维度看，可以按照本研究对就业能力界定的各个能力子项的达成情况来进行评价，设定相应的指标，注重理论环节和实践环节相互融合，根据课程教学目标对毕业要求的支撑关系，落实课内外学习要求和考核方法；从达成度来看，可以分为创业就业知识的学习评价、对就业技能的评价、对学业成果的获得评价及对职业素养的达成度等方面。

### （三）注重交互式评价反馈

在 OBE 教育理念下，指导学生的就业能力培养，教学评价不再是教师的单向行为，而是更注重师生之间、学生之间，以及高校与用人单位之间的交互性评价。师生交互式评价要还学生话语权，注重学生课程学习的反馈；生生交互式评价，通过学生之间的评价，发挥群体内的榜样示范作用和头雁效应，促进项目的改进与完善，增强团队的凝聚力，增进团结与合作；与用人单位的交互评价反馈，则注重对用人单位的满意度调查，在横向研究的同时更注重对学生就业数据的追踪调研，从而不断地改进大学生就业能力培养方式。

OBE 作为一种成果导向的教育理念，在大学生就业能力培养中发挥着重要作用。OBE 教育理念下的大学生就业能力具有多元性、递进性、稳定性、发展性，其能力结构可定位为学科理解力、信息收集与处理能力、解决问题的能力、自我效能、元认知五个方面。高校要积极探寻会诊式教学、项目式教学和自我诊断式学习等就业能力培养的

1．学历证书＋若干职业技能等级证书。

有效方式。同时，积极探寻 OBE 教育理念下的大学生就业能力培养评价机制改革，以评价促改革，不断提升学生的就业满意度。

# 第三节 基于 OBE 的高校大学生就业创业实践

OBE 是专业工程教育改革的发展方向，这种教育模式能够清晰地聚焦教育中的每一个环节，为学生在学习过程中实现预期效果提供一个专业可靠的平台。OBE 教育模式对学生学习的产出进行分析，反向设计教育的每一个环节，并有完善的评价体系，及时反馈教学效果，快速提高教学质量。在 OBE 教育模式理念下，对毕业学生的教学达成度和企业对就业学生的满意度进行深入调研，分析教育成果，及时调整培养方案，持续改进教育环节和培养环境，不断为学生的成长成才搭建平台，为学生就业和长期发展提供可能。

## 一、OBE 教育模式是全面提高学生综合素质的主要途径

第一，在专业教育中融入创新创业教育、绿色可持续工程教育、交叉跨界、国际视野等新理念，构建培养创新复合型人才的课程体系。学院教学改革要和培养创新复合型人才紧密结合，逐步形成需求导向的学科专业调整机制，为学生搭建创新创业环境，形成科学合理、第一课堂和第二课堂紧密结合的人才培养环境，逐步完善教育教学培养体系，聚焦跟踪学生成长的每一个环节。

第二，结合专业实际和具体情况，发挥专业特色，借鉴国内外工程教育的先进理念和模式，通过强化工程与实践加强理论与实践的有机融合。通过深化 CDIO[ 构思（Conceive）、设计（Design）、实现（Implement）和运作（Operate）] 教学理念，深入落实项目式教学体系的规划与实施，同时着力构建能够促使若干专业课程三级项目与专业课程设计二级项目统一融合的核心专业课程项目模块，通过核心专业课程项目模块来引导学生在“做中学”，逐步提高学生的综合能力和素质，提高学生的创新创业能力，“大学生创新创业教育主要通过采取各种方式，积极引导和鼓励学生参与创新创业实践，从而培养学生的创新意识和创业能力”。以学生为中心，全面推进校地合作项目，通过建立实习基地、资源共享（实验设备、导师团队）、共同举办赛事的方式为学生提供更多的就业创业实践机会，校地合作、校企合作可以解决实验设备短缺、资金短缺、导师力量薄弱等问题，为学生提前了解企业、了解岗位创造机会。

第三，打造第二课堂成绩单，结合专业特点，开展“一系一赛”活动，进一步丰富双创教育渠道，创新活动方式、构筑活动载体、拓宽参与渠道，把课堂教育与课外教育、

理论学习与实践活动有机地结合起来，构建多渠道、多层次、频繁性、多样化的双创活动体系，为学生提供专业的就业创业指导课程学习、双创理论培训、双创参观学习、双创实践活动等，打造相关创新创业类的实践平台，引导学生积极地参与到科研训练中去，积极参加和专业相关的学科竞赛、创新创业大赛，以赛促学，通过比赛深入学习相关知识和应用技巧，在比赛过程中培养学生的创新创业精神，进一步提高学生的专业素养。

## 二、OBE 教育模式下高校大学生就业创业实践探索

大学生就业难问题包含两方面因素，一方面是毕业生找不到适合自己的岗位，另一方面是企业招聘不到合适的人才，高校培养的学生难以适应现代化的工作岗位，毕业生和企业之间信息不对称等是造成就业困难的根本原因。但从根本上来说，就业质量的高低最终取决于学生自身的综合素质，而学生的综合素质不仅包括基本的专业素养，还包括诸如创新能力、组织协调、沟通能力、语言表达能力、团队协作等因素。据权威机构调查统计，一名合格的应届大学生的就业能力构成为专业能力 44.39%、综合素质 55.61%，由此可见，大学生综合素质的提升决定了毕业后的就业质量和发展前景。所以，高校急需构建一个全面的、系统的人才培养模式，把专业教育和素质教育融为一体，加强理论和实践的融合。打造一支专业的学业指导教师队伍，指导学生做好学业、职业生涯的规划，进而开设就业创业课程，进行就业创业培训、创新创业网络课程培训等，促进学生就业创业意识的提高。打造创新的创业环境，为师生提供良好的创新和科研活动平台，加强校企合作，使学生把理论学习和企业实习结合起来，帮助学生了解企业人才需求，为学生搭建一个可靠的实践平台，让学生在实践的过程中接触社会、了解社会需求，在实践中培养其职业能力和道德，为全面提高学生的综合素质提供有力的支持。从具体实践来说，可以从以下几个方面着手，全面完善学生培养模式，创新工作思路，最终实现学生高质量就业。

### （一）完善就业课程体系，制定课内课外相结合的就业创业培养体系

在 OBE 教育模式下，就业创业课程体系的建设要紧紧结合就业形势的发展变化和本学科特点，为学生营造一个相对完善的就业创业培养氛围。要通过第一课堂就业指导专业课程，让学生在理论上掌握就业前的必备知识。就业课程不仅能为全面提升学生的素质和顺利就业提供一个服务平台，也能为引导学生的发展提供具有借鉴意义的参考。同时，就业创业指导课程的开设具有非常大的价值：一方面，可以提供主要渠道和途径让各高校实现就业指导工作；另一方面，也可以为学生接受思想政治教育提供阵地。就业课程主要是通过解析就业政策、分析就业形势、传授求职择业的基本方法和基本技巧，帮助学生进行正确的自我定位，做好择业准备，以正确的价值观、择业观、良好的心态

选择相对正确的、适合自己的、专业对口的工作或者以正确的心态面对企业的选拔。开设就业创业课程固然重要，但往往停留在理论层面，所以为学生提供就业实践平台十分重要。在 OBE 教育模式下，通过就业模拟面试、企业实习、暑期实践调研等课外活动的方式或平台，让学生把理论和实践相结合，进一步提高学习效率，提升学生的综合素质，为学生不断完善自己提供一个良好的平台，使其尽快适应就业形势。

### （二）加强学业导师队伍建设，为学生成长成才保驾护航

在 OBE 教育模式下，不仅要在课程上进行反向设计，注重教育成果，同时也要让学生对自己的四年大学生活有清晰的认知，这就需要加强学业导师队伍建设，首先学业导师要对所带学生的培养方案有一个总体的把握，然后指导学生科学合理地选择培养方案上的课程。同时，要引导学生积极规划大学四年生活，并逐年进行总结、调整，从而确保学生顺利完成四年学习。学校要建立校、院两级学业导师聘任制度、管理制度、考核制度、评比制度，并对学业导师的指导工作规定一定的工作量，逐步完善学业导师指导学业、引导就业的制度体系，促进学业导师保质保量地完成本职工作，确保学业导师工作的时效性和长效性，为学生的学业上“时效”“长效”双保险，为学生的成长成才保驾护航。

### （三）注重职业生涯，规划教育教学，帮助学生树立正确的择业观

学生高质量地完成学业生涯的合理规划，能够为自己顺利完成大学学习生活奠定良好基础。从更加长远的角度来看，引导学生高质量地完成学业生涯规划不仅能为学生高质量就业搭建桥梁，更重要的是能为学生个人的长效、长足发展提供基本保障。

进行职业生涯规划教育的前提是对学生进行个体自我职业潜能的分析培训、规划能力意识和技能培训、职业生涯规划心理辅导等相关教育。学生可以通过接受相关教育来提高自身技能，教育工作者也可以通过职业生涯规划教育引导学生积极参与到个人的规划活动中去。所以职业生涯规划教育是培养学生对自己的未来进行科学合理的、有目的性的、有计划的、有组织的规划的重要渠道之一。

进行职业生涯规划教育，首先要进行相关理论知识的普及和教学，所以高校要开设职业生涯规划的相关课程，授课内容主要包括职业素质、职业理想、职业生涯设计、社会用人制度等方面的基本知识与基本要求，通过让学生了解这些和就业密切相关的知识来引导帮助学生熟悉相关就业政策和毕业生就业工作的细则等等。在就业创业相关方面，理论学习和实践的结合尤为重要，所以在开设相关课程的同时也要积极为学生搭建与就业相关的实践平台，让学生通过社会实践进入企业实习等，进一步做到“三个了解”，即“了解社会、职业、自我”，让学生及早结合自己的专业树立正确的职业理想。同时也能让学生在学习当中按照自己的正确规划不断提高自身素质、提高自主择业的意识以及

立业创业的自觉性，树立正确的择业观念、凝练良好的择业道德、保持健康的择业心态。职业生涯规划课程还可以帮助学生依据社会发展的现状、与职业相关的需求以及个人自身特点进行系统化、科学化的职业生涯规划，促使其正确择业，为学生发展以及成长、成功、成才打下基础。由此可见，职业生涯规划教育的核心是人的事业发展，旨在实现人的全面、自由、可持续发展。

在OBE教育模式下，通过引入学业生涯规划以及职业生涯规划决定个体未来发展的规划模式，帮助学生树立明确、正确、准确的就业观和择业观，让学生正确、自由、合理地规划大学生活，这对学生的长足发展有着十分重要的意义。将学业生涯规划、职业生涯规划相关的教育活动融入高校教育系统中，由专业的学业导师团队指导学生完成学业规划，开设职业生涯规划教育的相关课程要以社会需要的人才类型为培养的主要导向、学生综合发展为培养的重要核心，以科学、完善、合理为课程内容的首要定义。设置就业指导相关课程时，要着力搭建就业类实践平台，通过实践中的不断探索和引领指导学生高质量地完成职业生涯规划。加强就业形势指导、就业政策普及以及就业心理辅导等能为学生提供就业信息、传授就业技巧，帮助学生解读相关的就业文件和就业政策。要根据学生在学校的不同学习阶段、不同学习情况来设定有针对性的、具体的就业指导课程，“高校在就业教育的课程设置上要更加突出以学生就业为中心，强调课程的实用性，并突出能力本位教育”。对于大一新生要有大一新生的相关指导，指导学生做好学业生涯规划，为顺利完成学业做好准备。进入大二，要引导学生积极参加社会实践等各类接触社会的活动，引导学生积极走进社会，去了解社会需求，增强社会责任感，提高职业素养。大三、大四要为学生进行就业前的培训，为学生了解就业信息和岗位信息提供支持，帮助学生熟悉最新的就业政策和就业流程，通过帮助学生了解、掌握面试中需要注意的面试礼仪问题和推销自我的技巧，全方位、全视角、高深度地提高学生就业竞争力。

### （四）建设三级联动就业指导机构，完善就业机制

学校应当完善就业指导的组织机构，设立专门的就业指导负责大学生就业创业相关工作。然而，就业创业的相关培训和指导不是一时之功，该机构服务的应该是大一到大四全体大学生，而不仅仅是毕业生或即将毕业的大四学生。目前，尽管很多高校都设立了就业处或学生工作处来管理学生的就业问题，但大多浮于监督管理层面，从实质意义上还不能称为就业指导机构，学校所设立的就业指导中心要为学生提供全方位的就业服务，而不仅仅是监督、记录。

就业指导组织应设立三级联动就业指导模式。首先，在学校层面要设立就业指导中心。学院要在学生管理办公室设立二级机构，指定专业的老师负责就业工作，从而形成校、院、专业就业指导老师三级联动的就业服务体系，全方位上下联动服务学生的就业

工作。在学生就业前期，结合院系实际情况以及本专业特点，通过积极与用人单位联系来建立长期稳定的合作关系，在加强校企合作的同时不仅能解决学生就业盲目甚至心理压力问题，而且也能精准瞄准人才需求点，以点看面，了解社会需要的人才的类型。其次，与用人单位保持高度联系的同时也能为学生找到合适的企业，通过到企业实习积极搭建实践平台，让学生对本专业的应用工作岗位有一个具体的认知。进入相关企业进行实习，可以使学生进一步了解自身能力和相应工作要求之间的差距，有助于学生在以后的学习中有目的地完善自己，同时也为学生提供了积累工作经验的机会，从而进一步提高就业质量。

高校就业指导中心要在学院的配合下，不断完善就业指导机构，实现教育、管理、服务三位一体。强化就业指导机构职能，提高就业服务的效率，要根据毕业生就业的需求合理地把就业指导机构分为相应的职能部门，如有的高校就业处把毕业生就业指导服务中心分为就业管理、就业市场、就业指导三个工作职责方向，明确职责，责任到人，各部门相互配合、相互协作，积极组织协调、沟通递进，共同做好就业指导工作。就业指导机构的服务目标是将就业工作的中心由管理向服务与指导转移。同时，就业指导机构要大力整合学校资源，统筹协调一切力量，推进毕业生就业机制和体制改革。

### （五）加强校企合作，建立完备的就业信息网络

高校要加强校企合作，积极主动地与用人单位建立长期稳定的关系，建立用人单位数据库，经常与用人单位进行市场调查和反馈。互联网时代，毕业生可以通过网络进行择业，用人单位通过网上招聘已经成为一种高效、快捷的招聘方式。用人单位通过在网上发布招聘信息，公布用人需求，学校通过整合各企业信息，实现省内和其他高校之间的信息连接，为学生提供更多的就业信息。同时，学校就业信息网要及时和政府、社会的有关就业信息网络进行端口对接，保证信息及时更新、内容可靠，“要在高校、政府和用人单位三方通力合作的条件下，按照 OBE 导向教育的理念和目标，为学生提供更加优质的就业环境”。综合各方面资源，融会贯通，形成政府、高校、社会三级就业信息网络的合力，为毕业生提供全方位的就业信息，为其高质量就业提供前置保障。高校就业指导工作要与时俱进，工作方法要向信息化、网络化转变，同时建立完善的就业信息网络、完善的就业信息服务系统等相关的网络服务项目，拓宽就业信息获取渠道，打通信息壁垒，全方位推进毕业生就业工作。

在以学生为中心的 OBE 教育模式下，坚持以学生的全面发展为出发点，打造专业的学业导师队伍，指导学生做好学业生涯规划，高质量地交出大学生第一课堂成绩单；丰富校园文化建设，积极搭建创新创业实践平台、社会实践平台，促使学生进一步了解社会需求，增强社会责任感，从而不断完善自我；开设职业生涯规划课程，引导学生注重生涯规划，及早认识自我，确定奋斗目标；开设就业指导课程，引导学生及时了解就

业形势、就业政策，熟知就业程序，掌握就业技能，做好就业准备；同时，要加强就业机制体制建设，完善就业信息网络，为学生提供完善的就业指导和服务，积极主动地和用人单位形成长期、稳定的合作关系，全方位地为学生实现成功就业和高质量就业提供支持。

从宏观角度分析，我国经济增长速度有所放缓，新增就业岗位数量将会有一定程度的下降，同时由于大学毕业生的数量在不断增加，大学生就业市场的供需矛盾在一定时间内还将持续。从区域经济角度分析，河南省近年来在经济增长方面取得了一定的成绩，但是产业结构升级的压力巨大，机械类专业毕业生未来就业的行业基本上为制造业，而制造业也将面临一系列新的挑战。这些因素对于机械类学生的就业前景会造成一定程度的影响。因此，面对新的挑战，机械类学科要从源头上改革创新，不断完善人才培养体系，创新人才培养模式，全面提高学生的综合素质，培养出能够适应新形势、新时代、新要求的合格高校毕业生，进一步提高学生就业服务的质量和效率，从根本上确保就业质量。

## 第四节　OBE 教育理念下大学生就业指导课程的探索

教育部办公厅于 2007 年发布的《大学生职业发展与就业指导课程教学要求》（教高厅〔2007〕7 号）明确指出：“大学生职业发展与就业指导课程教学内容应力求实践性、科学性和系统性，突出强调理论联系实际，切实增强针对性，注重实效。要在遵循课程体系和课堂教学规律的前提下，引入多种教学方法，有效激发学生学习的主动性和参与性，提高教学效果。”根据文件精神的要求，大学生就业指导课程的教学模式应该充分考虑学生个体的差异性，如个人能力、性格特点的差异性，深化课堂教学模式的创新，通过设计科学化且具有实践性的教学方法和教学工具，充分调动学生参与课堂活动的积极性，从而提高课堂教学的有效性，切实提高学生的职业能力。尽管很多高校都十分重视大学生就业指导课程教学模式的创新，也取得了一定的效果，但目前该课程的教学仍存在一些问题。

### 一、大学生就业指导课程教学目前存在的问题

目前，各高校均结合自身实际情况大力加强大学生就业指导课程的改革与创新，但相对其他课程而言，学生对该课程的兴趣度、自主性以及参与度普遍不高，教学效果远没达到预期。综合分析，笔者认为主要存在以下几个问题。

### （一）教学内容陈旧且较为单一

据各高校间的调研显示，当前各高校大学生就业指导课程的教学内容陈旧且较为单一，教学内容框架基本相同，主要包含就业市场背景、自我探索、简历撰写、面试技巧、就业政策等模块。如就业政策模块，部分高校已将签订纸质三方协议的形式改为网上签约形式，但是在大学生就业指导课程的设计中却仍旧将签订纸质三方协议作为一个重要部分进行讲解，没有根据实际情况进行改革。

### （二）过于注重就业技能的培训，自我探索与生涯规划内容偏少

在大部分高校现有的教学活动中，由于就业技能培训的可操作性较强，大学生就业指导课程过于偏重此类培训，如过分注重简历撰写、面试技巧等模块的培训。此外，受限于客观教学环境、生涯规划师资薄弱等现实原因，现有的大学生就业指导课程中，自我探索与生涯规划的内容偏少。良好的自我探索与生涯规划可以引导学生正确认识自己的个性特质，发掘自我潜能，实现人生的目标和价值。这不仅有利于职业的发展，对学生个体的整个生命过程更是有着举足轻重的作用。

### （三）授课形式传统，缺乏创新

通过调研，目前大学生就业指导课程仍旧受限于传统的 PPT 授课形式，一般以教师讲课、学生听课的“填鸭式”教学模式为主。在这种教学模式中，学生的主体地位无法得到充分发挥，师生之间、学生之间均缺乏有效的沟通，难以实现个性化辅导，导致课堂效果大打折扣。

### （四）学生课堂参与度不高，教学反馈环节薄弱

受制于大学生就业指导课程的教学模式，学生在课堂上参与意识较弱、自主性不强，大大削弱了教学的实际效果。另外，课程大多采用大班教学，教师很少能对学生的就业进行跟踪指导，从而难以获得课程的教学反馈。

### （五）课程评价方式单一

由于学生课堂参与度不高，教师对学生该课程的评价方式主要由课堂出勤率、课堂表现、简历制作情况、模拟面试表现等组成。作为一门应用型课程，上述单一的课程评价方式容易对学生造成误导，使课程评价方式无法调动学生的课堂积极性，导致教学效果大打折扣。

### （六）授课师资薄弱，部分教师专业性不强

目前高校中大学生就业指导课程的授课教师大部分是辅导员，部分辅导员受限于自身教育背景和成长经历，对就业市场的了解和学生职业能力的培养比较欠缺，直接导致该课程的教学成效大打折扣。

以上几个问题的出现，有客观现实原因，也有教师和学生的主观原因。因此，在大学生就业指导课程教学模式的改革中，既要发挥教师的指导作用，也要充分调动学生的积极性和参与度，从而达到学生职业能力提升的目的。如何探索一种教学模式，充分调动教师和学生的积极性，提升课堂实效，将成为大学生就业指导课程改革的重点。

## 二、OBE 教育理念与大学生就业指导课程的契合

OBE 是一种被全世界高等教育领域普遍认可的基于学习产出的教育理念。职业能力作为学生综合能力的重要组成部分，是 OBE 教育理念下学校教学的重要成果。因此，在大学生就业指导课程中充分应用 OBE 教育理念，以学生为中心，以产出为导向，进行课程设计和教学实施，对学生职业能力的提升有着不可忽视的作用。

OBE 教育理念于 20 世纪 80 年代出现于美国和澳大利亚的基础教育改革中，目前，OBE 教育理念在国内各个学科的教学实践中得到深入研究和推广，相应的理论研究成果也不断增加。其最大的特点在于强调课程教学模式以学生的实际能力获得需求为导向，重视学生在学习中的主体作用，将课堂还给学生。

大学生就业指导课程是目前国内外高校普遍开设的公共必修课程，一方面，旨在帮助学生正确认识自我、探索自我，形成正确的就业观；另一方面，提高学生的职业素养和就业能力，以寻求个人职业的发展。而 OBE 教育理念恰恰符合大学生就业指导课程教学模式的要求，以学生为课堂主体，以产出为导向，着眼于学生职业能力的提升。OBE 教育理念和大学生就业指导课程的完美契合创新了传统的教学模式，着眼于学生职业能力的发展，强调课堂的理论性与实践性相结合，注重学生积极性的调动，符合大学生就业指导课程的教学目标和相关文件的要求。

## 三、OBE 教育理念下大学生就业指导课程教学模式的探索与实践

在 OBE 教育理念下大学生就业指导课程教学模式的设计过程中，需要着重思考以下几个问题：学生可获得的学习成果是什么？如何采取有效的教学方法和工具使学生获得这些学习成果？怎样评价学生的学习效果？即明确预期能力目标、实施学习活动和评估学习成效这三个方面。

### （一）以产出为导向，制定课程教学大纲

OBE 教育理念是一种“以学生为本”的教育理念，聚焦于学生的学习成果，一切教学活动、教学方式都是围绕学生的学习产出制定的。因此，在制定大学生就业指导课程教学大纲的过程中要明确当今社会对大学生职业能力的要求，结合学生现有的知识水平和能力搭建培养的框架，包括理论知识框架和实践活动框架。要坚持共性与个性相结合、知识传授与实践活动相结合，兼顾总体与个别，从理论知识上加深学生对职业与就业的认识。教学大纲的制定既要明确理论知识目标，也要明确实践活动目标，从而对教学活动起到真正的指引作用。

### （二）围绕预期目标有针对性地设计教学内容，包含理论教学、实践教学、作业等

在教学中，以学生为中心设计课堂内容和实施课堂教学。如在“自我探索”模块中，可事先准备职业性格测试，让学生在测试中对自己的职业性格有所了解，从而选择与自己性格匹配的职业；在“就业信息”模块中，可事先设计就业岗位，由学生分组进行就业市场调研，获取相关信息，并在课堂上进行分享。通过以上方式，能充分调动学生的积极性，提升学生的课堂参与感和主人翁意识，以达到主动参与实践、从实践中收获对职业自我理解的目的。

### （三）参照预期的学习产出目标，搭建大学生就业指导课程的评价体系

加强大学生就业指导课程评价体系的建设，建立科学的考核和评价系统，可着重做好三个维度的建设：（1）教师考评。教师可通过课堂考勤、课堂参与度、课堂作业完成情况等对学生课程进行评价。（2）同学评价。大学生就业指导课程中的很多活动是通过小组形式完成的，如就业岗位调查等。此类活动可设置学生互评环节，为教师评价提供参考。另外，对简历制作、模拟面试等环节也可增加学生互评，在评价中互相学习。（3）用人单位评价。为了增强大学生就业指导课程的实际指导意义，可在教学中强化学校与用人单位的联系和合作。例如，对简历制作和面试技能的评价可适当引入用人单位这一维度，让学生真实体验就业过程。这种做法，一方面可以完善课程评价体系，另一方面可以让学生提早适应就业氛围，以切实提高学生的职业能力，从而更好地达成教学目标。

大学生就业指导课程对学生的择业和就业起着举足轻重的作用。在大学生就业指导课程中，基于学习产出的 OBE 教育理念为提高学生参与课堂的主动性和积极性、达到更好的教学效果提供了途径。通过引入 OBE 教育理念，学生在课堂上可获得更多的锻炼机会，教学质量可得到有效提升，学生在掌握就业理论的同时可以充分锻炼就业实践能力，进而提升学生就业水平。

# 参考文献


[1] 张洁，龙晓闽．关于大学生就业创业实践教育的要素探讨 [J]. 时代报告，2017（16）：204.

[2] 王洪亮．大学生就业创业实践教育的几项要素 [J]. 科技资讯，2017，15（28）：209–210.

[3] 魏美．对高职院校大学生就业创业教育途径的研究 [J]. 艺术科技，2016，29（10）：386.

[4] 徐侠侠，徐丽萍．教育供给侧改革下部分地方普通高校转型路径探索 [J]. 陕西理工大学学报（社会科学版），2018，36（3）：65–69.

[5] 廖利明．供给侧改革要求下高校大学生就业新思路 [J]. 继续教育研究，2017（8）：97–99.

[6] 王妍．高校转型过程中的大学生就业创业能力培养研究 [J]. 中外企业家，2017（13）：183-184.

[7] 邹晓川，李俊，林强，等．地方高校应用型人才培养模式改革与创新的探索与实践 [J]. 化学教育，2017，38（16）：14-18.

[8] 何海燕．大学生就业指导中思想政治教育的现状分析 [J]. 教育与职业，2008（3）：107-108.

[9] 丁静．大学生就业中的思想政治教育研究 [J]. 教育与职业，2008（33）：95–97.

[10] 柳卉．试论网络时代加强高校思想政治教育工作 [J]. 陕西师范大学学报（哲学社会科学版），2007，36（A1）：104–107.

[11] 任丹婷．大学生就业与思想政治教育工作探析 [J]. 黑龙江高教研究，2008（4）：116-117.

[12] 吕冰．大学生就业指导及其反思 [J]. 中国职业技术教育，2007（36）：55-56.

[13] 平欢梅．新形势下大学生就业中的思想政治教育问题与对策研究 [D]. 北京：华北电力大学，2011.

[14] 于凯．新媒体时代高校就业指导的思政教育创新 [J]. 青年科学（教师版），2014，35（8）：29.

[15] 刘义．社会主义核心价值观对当代青年就业观的影响 [J]. 人民论坛，2013

（33）：130–132.

[16] 孙冬青 . 加强大学生就业思政教育的必要性研究 [J]. 管理观察，2009（7）：151–152.

[17] 克里斯・安德森 . 创客：新工业革命 [M]. 萧潇，译 . 北京：中信出版社，2013.

[18] 罗兰 . 高校创新创业教育评价体系构建策略研究 [D]. 长春：东北师范大学，2018.

[19] 张少兵 . 创客教育视角下创新创业教育模式改革研究 [J]. 黑河学院学报，2018，9（11）：105–107.

[20] 祝智庭，雒亮 . 从创客运动到创客教育：培植众创文化 [J]. 电化教育研究，2015，（7）：5–13.

[21] 吕文官，段剑伟 . 高职高专计算机网络专业基于“创客精神”引领创新创业教育有效路径研究 [J]. 山东农业工程学院学报，2018，35（6）：163–164.

[22] 彭俊杰，林金雄，周志芳 . 基于创客教育的高校创新创业教育革新路径分析 [J]. 教育教学论坛，2019，（2）：110–111.

[23] 田剑，赵蕾，尹祥信 . 众创空间中创客参与动机与创业行为关系的实证研究：以创业经验为调节变量 [J]. 江苏科技大学学报（社会科学版），2018，18（3）：82–88.

[24] 韩晨光，曲绍卫，纪效珲 . 能力基点：理工科大学生创业创客教育课程设计及实践：基于两岸理工科大学生创业能力调查数据 [J]. 现代教育技术，2015，25（2）：114–119.